KB041438

하루 10분
엄마표
생활영어

이정림 지음

엄마랑 아이랑 하루 10분 행복한 영어 놀이

하루 10분 엄마표 생활영어

MP3, 동영상 강의 | QR코드 수록

따라 하면 자연스럽게 말문이 트이는 엄마표 생활영어

매일 나누는 일상 대화로 엄마와 아이의 영어 실력을 쑥쑥 키워보세요!

문예춘추사

머리말

언어 하나를 더 알면 더 크고 새로운 세계가 보입니다. 내 아이가 영어를 잘하길 바라는 엄마의 마음도 이 때문인데요. 엄마는 내 아이가 더 큰 세계를 무대로 마음껏 꿈을 펼치고 살아가기를 기대합니다. 이처럼 아이를 향한 꿈, 사랑, 관심이 엄마표 영어의 기반입니다. 아이와 엄마가 함께 영어를 배워가는 길은 이렇게 시작되죠.

"우리 아이가 영어 말하기를 잘하려면 어떻게 해야 하나요?" 지난 17년간 영어를 가르쳐오면서 많이 들은 질문 중 하나입니다. 영어를, 특히 영어 말하기를 잘하고 싶다면 방법은 생각보다 간단합니다. 우리가 잘 알듯, '매일 조금씩' 하는 겁니다. 매일, 조금씩, 꾸준히 하는 것이 최고의 방법입니다. 빨리 잘하고 싶은 마음이 있을 수 있죠. 그래서 처음부터 과하게 욕심을 부리기도 합니다. 하지만 그렇게 하다가 중간에 멈추는 것보다는 '매일 조금씩, 꾸준히' 하는 편이 훨씬 효과가 좋습니다.

이 책은 하루 10분 생활영어 연습을 실천할 수 있도록 만들어졌습니다. 일상에서 자주 쓰는 영어 표현들을 연령별, 상황별로 추려놓았습니다. '연령별'은 0세부터 3세, 4세부터 6세, 7세부터 10세로 나누어 그 연령대에 자주 쓰게 되는 표현을 중심으로 정리해보았습니다. '상황별'은 식사하기, 세수하기, 옷 입기 등 아이와 지내며 평상시에 쓸 수 있는 표현을 정리했습니다. 이 표현들을 잘 익혀놓으면 영어 말하기가 자연스러워집니다. 영어가 자연스러워지기 시작하면 자신감도 더 생기겠죠?

"하루 10분, 이 짧은 시간 매일 영어로 말한다고 실력이 늘까요?" 하실 수도 있지요. 하지만 실상 우리는 매일 10분조차도 영어로 말할 기회가 없어요. 머릿속에서는 영어로 문장을 만들어놓고도 말로 나오지 않는 이유는 바로 이 때문입니다. 영어로 말할 기회를 만드는 것은 그래서 중요합니다. 하루 10분! 영어로 말하기를 연습할 기회를 꼭 만들어주세요. 하루 10분은 짧고 쉬운 듯 보입니다. 맞아요! 그렇게 쉽게 보여야 일단 시도할 수 있죠. 그런 취지로 시작된 책이기도 합니다. 하루 10분 영어 공부는 계속하기에도 딱 좋은 시간이고요. 기대 이상으로 효과적입니다.

하루 10분, 꾸준히 이 책의 영어 표현들에 익숙해지게 해주세요. 음원을 활용해서 영어를 들려주세요. 아이와 함께 소리 내어 책의 표현들을 연습하고, 매일 10분씩 영어를 말로 주고받아주세요. 이 과정을 통해 아이는 영어가 '생각과 마음을 전달하는 말'임을 경험하게 되고, 그 경험 덕분에 아이는 영어를 더 재미나게 배웁니다.

영어를 잘하는 것은 특정한 사람들의 일이 아닙니다. 처음 시도할 때는 어색할 수도 있고요. '언제 문장으로 편하게 이야기할까?' 하는 생각이 들기도 하지요. 하지만 꾸준히 하다 보면 쉽고 간단한 표현들에 익숙해집니다. 그러면서 영어가 편해지고 실력이 향상되는 것을 보게 됩니다.

엄마표 영어가 엄마와 아이 모두에게 선물과 같은 시간이 되었으면 합니다. 엄마와 아이가 영어로 말을 건네고, 함께 영어 책장을 넘기고, 매일 영어 표현을 연습하는 이 시간들이 엄마와 아이에게 달콤한 추억이 되길 바라는 마음으로 한 페이지 한 페이지 정성을 들였습니다. 하루 10분, 엄마표 생활영어가 엄마와 아이의 꿈에 날개가 되길 바랍니다.

이 책의 활용법

'하루 10분 꾸준히'로 실력과 자신감을 키워주세요.

영어를 잘하려면 '매일 꾸준히' 하면 됩니다. 하루 10분, 매일 꾸준히 듣고 따라해주세요. 짧은 시간 매일 반복해서 영어를 듣고 따라 하다 보면 영어와 친해지죠. 매일의 10분이 쌓이면 영어 실력도 향상됩니다. 실력이 향상되면 자신감도 생깁니다. '매일 꾸준히 하루 10분' 생활영어를 익혀보세요.

쉽고, 자주 쓰는 문장들은 외워봅시다.

평소에 자주 쓰는 문장들은 반복해서 외워봅시다. 짧고 쉬운 문장들이라도 갑자기 생각해내려면 기억이 나지 않을 수 있어요. 이런 기본적인 문장들은 여러 번 반복해서 외워놓으면 언제든 생활 속에서 편하게 쓸 수 있습니다. 자주 쓰는 영어 표현들이 정리되어 있으니 잘 익혀 두었다가 사용해보세요.

꼭 소리 내어 연습해 주세요.

영어 말하기는 실제로 '말하기'를 연습해야 늘어요. 이 책의 표현들을 눈으로 읽고 뜻을 이해하는 것도 중요하겠지요. 하지만 소리 내어 자주 읽어서 말로 익혀두고 필요한 상황에서 꺼내 써보세요. 머릿속에서만 떠오르는 문장이 아닌 말로 사용하는 영어는 소리 내어 연습할 때만 가능해집니다.

01 **Get up now, or you will be late.**
지금 일어나렴. 안 그러면 늦어.

아기가 커서 어느덧 어린이집 또는 유치원에 가게 되었네요. 늦지 않게 아이를 깨우고 준비시켜야 하는데요. 아침에 아이를 깨우기가 쉽지만은 않아요.

It's time to wake up. 일어날 시간이야.
Just five more minutes. 5분만 더 잘게요.
Get up now, or you will be late. 지금 일어나렴. 안 그러면 늦어.
I'm awake. 일어났어요.
Didn't you sleep sound last night? 지난밤에 푹 못 잤니? *sleep sound : 숙면하다
I slept well. 잘 잤어요.

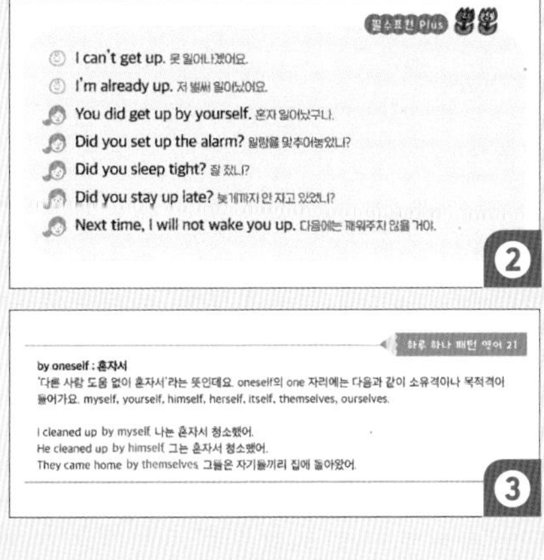

필수표현 Plus

I can't get up. 못 일어나겠어요.
I'm already up. 저 벌써 일어났어요.
You did get up by yourself. 혼자 일어났구나.
Did you set up the alarm? 알람을 맞추어놓았니?
Did you sleep tight? 잘 잤니?
Did you stay up late? 늦게까지 안 자고 있었니?
Next time, I will not wake you up. 다음에는 깨워주지 않을 거야.

하루 하나 패턴 영어 21

by oneself : 혼자서
'다른 사람 도움 없이 혼자서'라는 뜻인데요. oneself의 one 자리에는 다음과 같이 소유격이나 목적격이 들어가요. myself, yourself, himself, herself, itself, themselves, ourselves.

I cleaned up by myself. 나는 혼자서 청소했어.
He cleaned up by himself. 그는 혼자서 청소했어.
They came home by themselves. 그들은 자기들끼리 집에 돌아왔어.

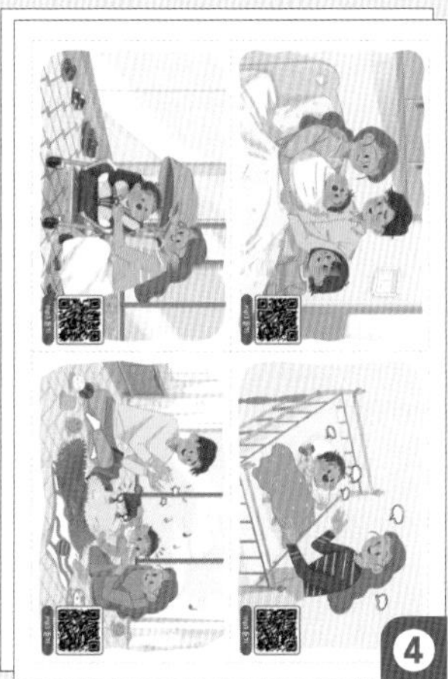

❶ 연령별, 상황별 영어 대화

각 연령과 상황에서 주로 쓰는 표현들을 대화문으로 제시해놓았습니다. 원어민의 음원을 통해 어떻게 발음하고 말하는지 먼저 잘 들어보세요. 들으면서 엄마와 아이가 한 줄씩 따라 읽어보세요. 표현에 익숙해지면 아이와 함께 실제로 대화하듯 영어를 주고받습니다.

❷ 필수 표현 Plus

아이와 일상에서 쓸 수 있는 문장들 중에 꼭 알아야 할 표현들을 추려놓았어요. 식사하기, 놀이, 잠자기, 학교 가기 등 생활 속의 생생한 표현들을 음원을 통해 여러 번 듣고 익혀두세요. 아이와 일상 속에서 익혀두었던 영어 표현들을 적절히 꺼내어 사용해보세요. 실제로 사용해보면 영어 표현들이 기억에 더 잘 남게 됩니다.

❸ 하루 하나 패턴 영어

기본 영어 패턴들을 간단한 설명과 함께 정리해놓았습니다. 유튜브를 통해 저자의 설명을 듣고 반복해서 따라 할 수 있어요. 하루 하나의 패턴 영어인데 모이면 80개가 됩니다. 매일매일 패턴 영어를 하나씩 연습해보세요. 차곡차곡 쌓여서 영어를 문장으로 구사하는 데 도움이 됩니다. 패턴 영어가 익숙해지기 시작하면 같은 패턴에 단어만 바꾸어서 영어로 문장을 말해보세요.

❹ 복습용 그림카드

앞에서 연습한 영어 대화문이 정리되어 있습니다. 한쪽 면에는 어떤 대화에 관한 내용인지 알 수 있는 그림이 있고 그 뒷면에는 영어 대화문이 적혀 있어요. 카드에 있는 그림만 보고도 대화의 내용이 영어로 생각나는지 확인해보세요. 생각이 나지 않는 부분이 있다면, 다시 대화문을 영어로 듣고 읽으며 반복해서 연습해보세요.

CONTENTS

아기야 안녕?

우리 아이와 신나는 하루!

CHAPTER 1. 아이 챙겨주기

CHAPTER 2. 아이와 수다 떨기

CHAPTER 3. 엄마의 잔소리

CHAPTER 4. 엄마와 놀이하는 시간

우리 아이가 훌쩍 컸어요!

CHAPTER 5. **상황별 대화**

PART 01
아기야
안녕?
0-3세

CHAPTER 1

수다쟁이 엄마 되기

01 I'm your mommy.
내가 네 엄마야.

갓난아기(newborn baby)에게 가족을 소개해보세요. 환영의 인사도 건네고요. 기다렸던 아기, 환영받는 아기라는 엄마 아빠의 마음이 전해집니다.

Welcome, little one. 환영한다, 아가야.

Welcome to our family. 우리 가족은 널 환영해.

Hi, my baby. I'm your mommy. 안녕, 아가야. 내가 네 엄마야.

Hi, sweetie. This is your daddy. 안녕, 우리 아기. 이분이 네 아빠야.

We couldn't wait to meet you. 널 너무 만나고 싶었어.

We have been waiting for you. 널 기다리고 있었단다.

This is your sister. 여긴 네 누나야.

We're so glad to see you. 널 만나서 너무 기뻐.

You are worth the wait. 널 기다린 보람이 있구나.

You are so cuddly. 꼭 껴안아주고 싶구나.

You are so adorable. 너무 사랑스러워.

하루 하나 패턴 영어 01

cannot wait to + 동사 원형 : 너무 ~하고 싶다

기다릴 수 없을 만큼 무언가를 너무 하고 싶을 때 이 표현을 자주 써요. to 다음에 동사 원형을 넣어서 사용해보세요.

I cannot wait to see you. 나는 네가 너무 보고 싶어.
I cannot wait to sing. 나는 노래를 너무 부르고 싶어.
I cannot wait to dance. 나는 춤을 너무 추고 싶어.

02 Sweetie, you are babbling!
우리 아기, 옹알이하는구나!

옹알이는 영어로 cooing, babbling이라고 하죠. 엄마는 "그랬구나" 하고 아이의 옹알이에 대꾸합니다. 물건이나 장난감 등을 보여주면서 이름을 가르쳐주기도 합니다.

Sweetie, you are babbling! 우리 아기, 옹알이하는구나!

You keep cooing. 옹알이를 계속하네.

Oh, is that so? Yes, you are right. 오, 그렇구나? 그래, 네 말이 맞아.

I think so. 엄마도 그렇게 생각해.

Say, "Mama." "엄마" 해보렴.

What do you want to say? 무슨 말이 하고 싶니?

mp3 듣기

동영상 강의

Look at this. 이거 보렴.

This is your sock. 이건 네 양말이야.

Oh! This is your bib. 오! 이건 네 턱받이야.

What do you see? 뭐가 보이니?

This is your hand. 이건 네 손이야.

This is Mommy's hand. 이건 엄마 손이야.

하루 하나 패턴 영어 02

What do you want to + 동사 원형 : 넌 무엇을 ~하고 싶니?

상대방이 원하는 것을 물을 때 사용하는 표현입니다. 아기가 무엇을 하고 싶은지 한번 물어볼까요?

What do you want to do? 넌 무엇을 하고 싶니?
What do you want to have? 넌 무엇을 갖고 싶니?
What do you want to read? 넌 무엇을 읽고 싶니?

03 Let's get into the stroller!
유모차 타자!

아기랑 유모차를 타고 외출하거나 자동차 카시트에 아기를 앉힐 때 안전이 제일 중요하죠? '안전띠를 매다'는 영어로 'fasten the seatbelt' 또는 'buckle the seatbelt'라고 표현합니다.

Let's get into the stroller! 유모차 타자!

How is it? 어때?

Lean your body backwards. 몸을 뒤로 기대렴.

Let's fasten the seatbelt. 안전띠를 매자.

The belt is too loose. 안전띠가 너무 헐겁네.

The belt is too tight. 안전띠가 너무 조인다.

I will put on the sunshade for you. 햇빛 가리개를 씌워줄게.

We are ready to go. 우리 갈 준비 다 됐다.

This is your seat. 여긴 네 자리야.

This is Mommy's seat. 여긴 엄마 자리야.

Sweetie, you will sit in the car seat. 아가, 넌 카시트에 앉을 거야.

Let me help you to sit in the car seat. 카시트에 앉혀줄게.

It is safe to sit here. 여기 앉는 게 안전해.

하루 하나 패턴 영어 03

let me + 동사 원형 : 엄마가 ~해줄게

우리 아기가 아직 어려서 엄마의 손이 많이 필요하죠? 엄마가 아기에게 무엇인가를 해줄 때 이렇게 자주 말합니다.

Let me hug you. 엄마가 안아줄게.
Let me help you. 엄마가 도와줄게.
Let me take your coat. 엄마가 네 코트 받아줄게.

04 What is this sound?

이게 무슨 소리지?

호기심 가득한 아이를 위한 오감 놀이(five senses play) 시간입니다. 오감 놀이는 엄마와 아기의 교감, 아기의 창의력 발달에 좋다고 하네요.

What is this sound? 이게 무슨 소리지?

Clap clap. It's the sound of hands clapping. 짝짝 짝짝. 손뼉 치는 소리야.

Rattle rattle. It's a rattling sound. 딸랑딸랑. 딸랑이 소리야.

How does it feel? 느낌(촉감)이 어때?

Does it feel soft? 느낌(촉감)이 부드럽니?

It feels fluffy. 느낌(촉감)이 폭신폭신해.

mp3 듣기

동영상 강의

It's your fluffy blanket. 이건 폭신폭신한 담요야.

How does this taste? 이건 무슨 맛일까?

It tastes sweet. 맛이 달콤해.

It tastes bitter. 맛이 쓰구나.

Look at this. What is it? 이것 봐. 이건 뭘까?

Yes, it's your hat. 맞아. 이건 네 모자야.

What does this smell like? 이건 어떤 냄새가 나지?

It smells like apples. 사과 냄새 같구나.

하루 하나 패턴 영어 04

look at + 명사 : ~을(를) 보다

여기에서 at을 빼고 'look'만 쓰면 '~하게 보이다'라는 뜻이 됩니다. '~을(를) 보다'라고 말할 때는 반드시 at을 챙겨서 써주세요.

Look at the book. 그 책을 봐.
Look at me. 나를 봐.
Look at your room. 네 방을 봐.

05 Who is this?

이게 누구야?

아이와 거울을 보며 이야기해요. 엄마가 아이에게 거울을 보여주네요. 거울을 들여다보며 눈, 코, 입, 그리고 표정에 관해 영어로 이야기해봅시다.

Who is this? 이게 누구야?

Who is in the mirror? 거울 속에 있는 사람은 누구지?

This is my baby and this is Mommy. 이 사람은 우리 아기고 이 사람은 엄마야.

Where is your nose? Here it is. 네 코는 어디 있니? 여기 있네.

Put your finger on your ears. 네 손가락으로 네 귀를 짚어봐.

Here they are. 여기 있어.

Can you touch your nose? 코를 만져볼래?

Is this a cheek? No, it's a chin. 이건 뺨이니? 아니, 그건 턱이야.

What are they? 이건 뭘까?

They are eyebrows. 그건 눈썹이야.

Your forehead is so cute. 네 이마는 정말 귀엽구나.

You take after me. 넌 나를 닮았어.

We look alike. 우린 서로 닮았어.

하루 하나 패턴 영어 05

look + 형용사 : ~해 보이다

사람의 외모를 말할 때도 쓰이고요. 상대방의 기분이나 상태도 이 표현 하나면 이야기할 수 있어요. look 다음에는 반드시 형용사가 옵니다.

You look happy. 너는 행복해 보여.
You look brave. 너는 용감해 보여.
You look pretty. 너는 예뻐 보여.

CHAPTER 2

동작 표현하기

01 Sweetie, do you want to crawl?

아가, 기어가고 싶니?

아기가 드디어 배밀이(scooting)를 시작했어요. 이렇게 배밀이를 하고 기어가기(crawling)를 시작할 때 아기의 동작을 영어로 이야기해보세요. 앞뒤 방향을 알려주는 말도 좋아요.

Sweetie, what are you doing? 아가, 뭐 하고 있어?

You start scooting. 배밀이를 시작했구나.

Do you want to go forward? 앞으로 가고 싶니?

You are going backward. 뒤로 가고 있네.

You are pushing yourself on your tummy. 배밀이를 하고 있구나.

Sweetie, you want to crawl? 아가, 기어가고 싶니?

You know how to crawl. 어떻게 기어가는지 아는구나.

Wow! You can crawl to the front. 와! 앞으로 기어갈 수 있네.

Come to Mommy. 엄마에게 오렴.

Crawl over to Mommy. 엄마에게 기어서 오렴.

Are you crawling toward your toy car? 장난감 자동차 쪽으로 기어가는 거니?

Come and get it. 이리 와서 가져가.

You are crawling all over the house. 온 집 안을 기어 다니는구나.

하루 하나 패턴 영어 06

all over : 곳곳에, 전체에

all over 뒤에 주로 장소를 나타내는 명사를 써서 사용하는 표현입니다. 일상 회화에서 많이 등장하는 말이니 기억해두었다가 사용하면 좋겠죠?

The books are all over the floor. 책들이 바닥에 널려 있구나.
The toys are all over the floor. 장난감들이 바닥에 널려 있구나.
The clothes are all over the floor. 옷들이 바닥에 널려 있구나.

02 Do you want to try walking?

걸음마를 해보고 싶니?

아기가 막 서거나 걷기 시작하면 가슴이 벅차오릅니다. 아기의 첫걸음은 엄마의 관심과 격려로 시작됩니다. 아기에게 "You are doing great!"라고 말해주세요.

Do you want to stand up? 일어나고 싶니?

Ok. Let's try standing up. 좋아. 일어서보자.

Be careful! You might fall down. 조심해! 넘어지겠어.

You fell down. Are you okay? 넘어졌구나. 괜찮니?

Baby, try one more time. 아가, 한 번만 더 해봐.

Mommy is holding you. 엄마가 널 잡고 있을게.

mp3 듣기

동영상 강의

Now, you are standing up. 이제 일어서는구나.

Do you want to try walking? 걸음마를 해보고 싶니?

Take your time. 천천히 하렴.

You can hold on to Mommy's hand. 엄마 손을 잡으렴.

One step, another step. 한 발짝, 한 발짝.

Yay! My baby is walking now. 이야! 우리 아기가 이제 걷네.

You are doing great! 잘하고 있어!

하루 하나 패턴 영어 07

try + 동사 ing : ~을(를) 해 보다

try 뒤에 어떤 형태의 동사가 오느냐에 따라 뜻이 달라져요. 동사 ing가 오면, 되는지 안 되는지 시험 삼아 해보는 것을 말합니다.

Try fixing the phone. 전화기를 고쳐봐.
Try catching the bug. 벌레를 잡아봐.
Try opening the door. 문을 열어봐.

03 Time to take a bath.

목욕할 시간이야.

아기도 엄마도 즐거운 목욕 시간. 아기를 목욕시키면서 엄마의 마음을 전하세요. 몸의 각 부위 명칭, 감촉, 목욕 용품 등 해주고 싶은 말이 많아지는 시간입니다.

Time to take a bath. 목욕할 시간이야.

Let's take off your clothes. 옷을 벗자.

Let's get rid of your diaper. 기저귀도 벗어야지.

Let's get into the bathtub. 욕조로 들어가자.

Is the water warm? 물이 따뜻하니?

We will wash your hair first. 머리부터 감자.

Mommy is making some bubbles with the shampoo. 엄마가 샴푸로 거품을 만들고 있어.

Let's wash it with water. 물로 씻자.

Now, let's rub your body. 이제, 몸도 문지르자.

Did you get soap in your eyes? 눈에 비누 거품이 들어갔니?

Wait! I will rinse it off. 기다려! 헹궈줄게.

We are done. 다 됐다.

Let me dry you with the towel. 수건으로 닦아줄게.

하루 하나 패턴 영어 08

get rid of ~ : ~을(를) 제거하다, 버리다

get rid of는 ~을(를) 빼다, 버리다, 지우다 등의 뜻을 지녀 여러 상황에서 사용할 수 있는 표현입니다. 아래 예문은 '버리다'라는 뜻으로 사용되는 경우입니다.

Get rid of the clothes. (그) 옷들을 버려라.
Get rid of the cups. (그) 컵들을 버려라.
Get rid of the books. (그) 책들을 버려라.

04 My baby finally turned over.

우리 아기가 드디어 뒤집었어.

아기가 혼자 몸을 뒤집는 순간에 엄마는 감격합니다. 아기가 몸에 조금씩 힘이 붙고 자라는 과정을 지켜보는 것은 기쁜 일이죠. 아기의 뒤집기와 앉기! 영어로 응원하면 어떨까요?

Sweetie, lie on your back. 아가, 똑바로 누워 있어.

Do you want to lie on your tummy? 엎드려 있고 싶니?

You want to roll over. 뒤집고 싶구나.

Are you trying to turn over? 뒤집기를 하려고 하는구나?

Go for it! You are almost there. 해봐! 거의 다 됐어.

My baby finally turned over. 우리 아기가 드디어 뒤집었어.

You made it! 해냈어!

Do you want to sit up? 앉고 싶어?

Do you need Mommy's help? 엄마의 도움이 필요하니?

It is pretty hard, isn't it? 너무 어렵다, 그렇지?

Wow! You are sitting up. 와! 앉았구나.

You put great effort into it. 우리 아기 고생 많았어.

Do you want to lie down again? 다시 눕고 싶니?

하루 하나 패턴 영어 09

put effort into + 명사 : ~에 노력을 기울이다

무엇을 하느라 고생하고 애썼다는 표현을 하고 싶을 때 쓰는 말입니다. 노력을 쏟은 대상의 자리에는 명사가 옵니다.

Put effort into your homework. 너의 숙제에 노력을 기울여라.
Put effort into your work. 너의 일에 노력을 기울여라.
Put effort into the project. 그 프로젝트에 노력을 기울여라.

05 Let's change your clothes.

옷 갈아입자.

아기는 3세 이전까지 엄마가 옷을 골라서 입혀줍니다. 아기에게 옷을 입히는 동안에도 무슨 옷을 입을지, 어떻게 옷을 입는지 아기와 나눌 이야기가 많네요.

Let's change your clothes. 옷 갈아입자.

Mommy will dress you. 엄마가 옷 입혀줄게.

Do you want to wear a T-shirt? 티셔츠 입을래?

Put your head in your T-shirt. 머리를 티셔츠에 넣어.

Put your right arm through the sleeve. 오른팔을 소매에 넣으렴.

Then, put your left arm in the sleeve. Perfect! 그다음 왼팔도 소매에 넣으렴. 좋아!

mp3 듣기 동영상 강의

Mommy will button up for you. 엄마가 단추를 채울게.

Let's wear the blue pants. 파란색 바지를 입자.

Put out your legs. 다리를 뻗어봐.

Let's put right leg in the one leg of the pants first. 오른쪽 다리를 먼저 바지에 넣자.

Then, we will put left leg in the pants. 그런 다음 왼쪽 다리를 바지에 넣는 거야.

Ok, let me zip up the zipper. 자, 지퍼를 올려줄게.

Now, let's put on your socks. 이제 양말을 신자.

하루 하나 패턴 영어 10

put on ~ : ~을(를) 입다

put이라는 동사는 여러모로 쓰이는데요. '입다'라는 뜻 말고도 '얼굴에 바르다' '살이 찌다'라는 뜻도 있어요. 여기서 살펴볼 표현은 '입다'를 뜻하는 put on입니다.

Put on the sweater. (그) 스웨터를 입어라.
Put on the socks. (그) 양말을 신어라.
Put on the dress. (그) 드레스를 입어라.

CHAPTER 3

아기의 마음 알아주기

01 Let me give you a piggyback ride.

엄마가 업어줄게.

아기가 울어요! 우는 것도 아기의 소통 방식이죠. 엄마는 아기가 무엇 때문에 우는지 살피고 우는 아기의 마음을 달래줍니다.

What's wrong? 무슨 일이니?

Mommy is here for you. 엄마 여기 있어.

Why do you keep crying, baby? 왜 계속 우니, 아가?

Let me check if you have a fever. 열이 있나 보자.

I'll give you a hug. 엄마가 안아줄게.

I will rub your back. 등을 쓰다듬어줄게.

mp3 듣기 동영상 강의

Let me give you a piggyback ride. 엄마가 업어줄게.

Do you want to sleep on Mommy's back? 엄마 등에서 잘래?

Just lean on Mommy. 엄마한테 기대렴.

You are still whining. 여전히 징징대는구나.

What's bothering you? 어디가 불편하니?

Do you want to go out? 밖에 나갈까?

Come to Mommy. I will pick you up. 엄마한테 오렴. 안아줄게.

하루 하나 패턴 영어 11

keep (on) + 동사 ing : 계속 ~하다

keep on + 동사 ing로 써도 되고, on을 생략해도 됩니다. keep 뒤에는 주로 동사에 ing를 붙여서 사용합니다.

They keep (on) chatting. 그들은 계속 수다를 떤다.
They keep (on) singing. 그들은 계속 노래를 부른다.
They keep (on) reading. 그들은 계속 책을 읽는다.

02 Sweetie, are you hungry?

아가, 배고프니?

아기의 식사 시간. 아직은 우유나 이유식을 먹겠죠? 아기가 배고픈지 엄마는 금세 알아차리네요. 아기의 식사 시간에 엄마는 바빠집니다.

Sweetie, are you hungry? 아가, 배고프니?

It's time for milk. 우유 먹을 시간이구나.

I am mixing a bottle. 분유를 타줄게.

Wait for a second. I will hurry. 조금만 기다려. 금방 할게.

Mommy will feed you soon. 엄마가 얼른 먹여줄게.

Drink the milk. You are a good eater. 우유를 먹으렴. 우리 아기 잘 먹네.

mp3 듣기

동영상 강의

Let's eat yummy soup. 맛있는 수프 먹자.

Say, "Ah." It is delicious, isn't it? "아" 해봐. 맛있지?

Sweetie, chew it well. 아가, 꼭꼭 씹어 먹으렴.

Let's eat one more bite. 한 입만 더 먹자.

Are you full? Is that enough? 배부르니? 충분히 먹었어?

Do you want some more? 더 먹을래?

Great job for eating. 아주 잘 먹었어.

time for + 명사 : ~할 시간이다

time은 '시간'이고 for는 '~을(를) 위한'이에요. 그래서 time for는 '~을(를) 위한 시간'을 뜻합니다. 전치사 for 뒤에는 명사가 오지요.

Time for meal. 식사할 시간이야.
Time for English. 영어 할 시간이야.
Time for snack. 간식 먹을 시간이야.

03 Oops! Is your diaper wet?

아이고! 기저귀 젖었니?

아기 기저귀가 젖었어요. 기저귀를 갈 때 엄마는 아기에게 이런저런 이야기를 합니다. 괜찮은지 묻기도 하고 기저귀를 어떻게 갈 건지도 말합니다. 예쁘다고도 해주고요.

Oops! Is your diaper wet? 아이고! 기저귀 젖었니?

It's time to change your diaper. 기저귀 갈 시간이야.

Let me see if your diaper is wet. 기저귀가 젖었는지 보자.

Your diaper is still okay. 기저귀는 아직 괜찮구나.

Oh! You pooped. 오! 응가 했구나.

Mommy didn't know you pooped. 엄마는 네가 응가 했는지 몰랐어.

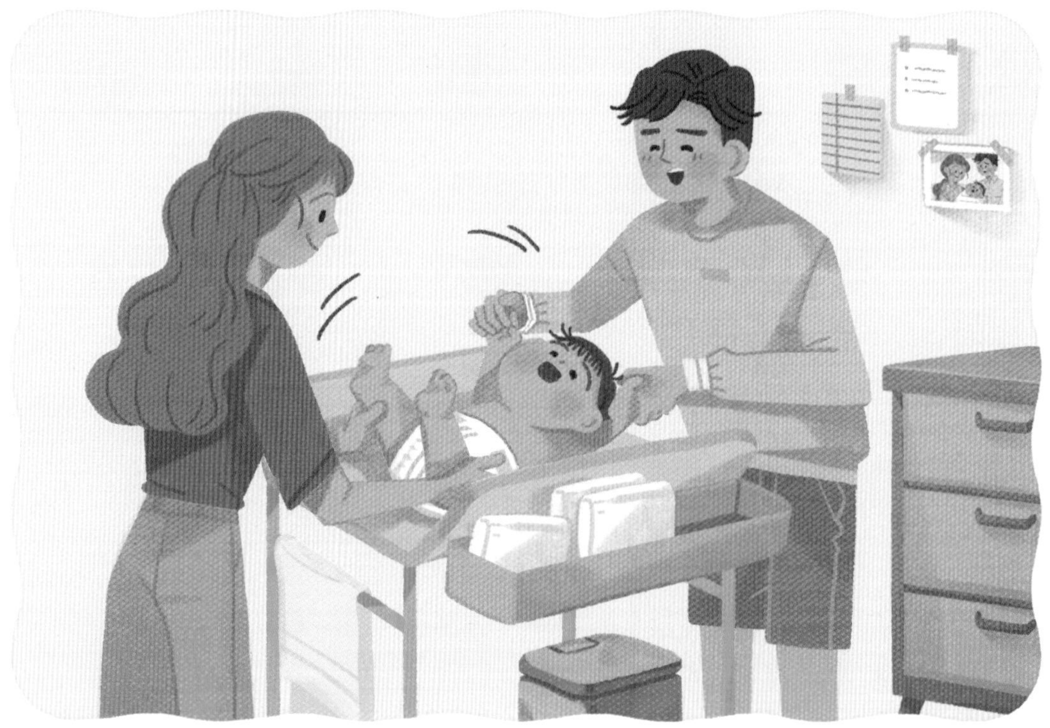

mp3 듣기 동영상 강의

Okay, stay still. I will get a new diaper for you. 그래, 가만히 있어봐. 새 기저귀 가져올게.

Let's take off the dirty diaper. 더러워진 기저귀는 벗자.

Let me clean your bottom with baby wipes. 아기 물티슈로 엉덩이를 닦아줄게.

I will put some baby powder on. 베이비파우더도 바를게.

Now, how do you feel? 자, 기분이 어때?

You feel fresh and dry, don't you? 뽀송뽀송하지 않니?

Let me put on a new diaper. 새 기저귀를 입혀줄게.

하루 하나 패턴 영어 13

get ~ : ~을(를) 가져오다

get은 여러 가지 뜻으로 쓰여요. '가다' '~이(가) 되다' 등의 뜻도 있고요. get 뒤에 물건이 나오면 그 물건을 '가져오다'라는 뜻이 됩니다.

I will get some food. 내가 음식을 좀 가져올게.
I will get some water. 내가 물을 좀 가져올게.
I will get the book. 내가 그 책을 가져올게.

04 Do you want me to sing you a lullaby?

자장가 불러줄까?

아기가 졸려서 잠투정을 부릴 때, 아기에게 뭐라고 말하면 좋을까요? 자장가를 불러주기도 하고 토닥 토닥 영어로 속삭여주기도 합니다.

Sweetie, you are starting to whining. 아가, 보채기 시작하는구나.

Are you sleepy? 졸리니?

You seem so sleepy. 졸린가 보구나.

Come to Mommy. I will put you to sleep. 엄마에게 오렴. 재워줄게.

You want your pacifier? 고무젖꼭지 필요하니?

Do you want me to sing you a lullaby? 자장가 불러줄까?

mp3 듣기

동영상 강의

You are so cranky. 짜증을 많이 내는구나.

Mommy will lie down beside you. 엄마가 옆에 누울게.

Baby, close your eyes and sleep tight. 아가, 눈감고 푹 자렴.

Sweet dreams. 좋은 꿈 꾸렴.

Sleep well. 잘 자.

You sleep like an angel. 천사처럼 자는구나.

하루 하나 패턴 영어 14

seem + 형용사 : ~한 것 같다

seem 뒤에 형용사를 붙여서 누군가의 상태나 기분을 묘사하는 표현으로 쓰입니다.

You seem tired. 너는 피곤한 것 같아.
You seem happy. 너는 행복한 것 같아.
You seem upset. 너는 속상한 것 같아.

05 Do you want to go potty?

화장실 가고 싶어?

아기가 기저귀를 떼고 배변 훈련(potty training)을 시작했네요. 배변 훈련에는 여러 방법이 있어요. 배변과 관련된 단어에 익숙해지면 배변 훈련의 성공 확률이 높아진다고 하네요.

Do you want to go potty? 화장실 가고 싶어?

Do you want to pee? 쉬하고 싶니?

Do you want to poop? 응가 하고 싶니?

When you want to go potty, call Mommy. 화장실 가고 싶을 때, 엄마를 부르렴.

Time to go pee with Mommy. 엄마랑 쉬하러 가자.

No more diapers. 기저귀는 그만 쓸 거야.

mp3 듣기

동영상 강의

Let's pull down your underpants. Sit on the potty. 팬티를 내리자. 변기에 앉으렴.

You should poop in the potty. 변기에 응가를 해야 돼.

Are you finished? 볼일 끝났니?

I will wipe you. 엄마가 닦아줄게.

Get down, sweetie. 아가, 내려오렴.

Pull up your underpants and pants. 팬티랑 바지를 올리렴.

Yay! You are done with diapers. 와! 이제 기저귀를 뗐구나.

하루 하나 패턴 영어 15

no more ~ : 더 이상 ~이(가) 없다

이제 더 이상 앞으로는 무엇이 없거나 없어야 할 때 쓰는 말입니다. 우리말로는 '그만!' '이젠 더 이상 ~이(가) 없다'라고 번역합니다.

I have **no more** space. 나는 더 이상 공간이 없어.
I have **no more** time. 나는 더 이상 시간이 없어.
I have **no more** questions. 나는 더 이상 질문이 없어.

CHAPTER 4

엄마의 마음 전달하기

01 Grow up big and strong.

건강하게 쑥쑥 자라렴.

아기와 지내다 보면 엄마는 버릇처럼 아기를 축복하는 말을 하게 됩니다. 아기가 건강하고 행복하게 자라길 바라는 기대 때문이죠. 아기를 축복하는 말을 영어로 건네보세요.

How adorable! 너무 사랑스러워!

Grow up big and strong. 건강하게 쑥쑥 자라렴.

You are a little gift for us. 넌 우리에게 작은 선물 같구나.

Our baby is a blessing. 우리 아기는 축복이지.

My baby is a blessing from heaven. 우리 아기는 하늘이 베푼 축복이야.

You are a precious little angel. 너는 소중한 작은 천사란다.

We bless you who you are. 널 있는 모습 그대로 축복한다.

You are so beautiful. 너무 예쁘구나.

You are our treasure. 넌 우리에게 보물과도 같아.

My baby is the best. 우리 아기가 최고야.

Bless you! You may grow in peace and love. 축복한다! 사랑과 평안 속에 자라렴.

You are so enough. 넌 그대로 완벽해.

My baby is valuable. 우리 아기는 너무 소중해.

하루 하나 패턴 영어 16

How + 형용사! : 아주 ~하다!

무언가에 감탄하며 쓰는 말입니다. 형용사 뒤에 주어+동사를 붙이는 경우도 있지만, 대부분은 how 뒤에 형용사만 붙여 사용합니다.

How beautiful! 아주 아름답다!
How delicious! 아주 맛있다!
How cold! 너무 춥다!

02 Did you sleep well, my baby?

잘 잤니, 아가?

아침에 아기가 잠에서 깨면 잘 잤냐고 인사를 건네죠? 아직 많은 대화를 주고받지 못할 수도 있어요. 그렇다 해도 아기의 표정이나 손짓, 짧은 단어로 엄마와 아기는 서로의 마음을 확인합니다.

Good morning. 잘 잤니?

Did you sleep well, my baby? 잘 잤니, 아가?

Did you get a good night sleep? 밤새 푹 잤니?

My baby is stretching now. 우리 아기가 스트레칭을 하네.

You look happy after a good night sleep. 잘 자고 나니 행복해 보인다.

Sweetie, you need more sleep? 아가, 더 잘 거야?

mp3 듣기

동영상 강의

You look grumpy. Are you still sleepy? 기분이 안 좋아 보이네. 아직도 졸리니?

You are snuggling in bed. 침대로 파고 들어가는구나.

Oh! You woke up. 오! 일어났구나.

Come here. Give Mommy a kiss. 이리 와. 엄마에게 뽀뽀해주렴.

Let's look out the window. 창밖을 보자.

The sun is shining. 해가 밝게 빛나네.

Everyone is awake. 모두가 일어났어.

하루 하나 패턴 영어 17

be + 동사 ing : ~하는 중이다

be 동사 뒤에 ing형의 동사를 넣어 사용하는 표현입니다. 여기서 be 동사는 주어가 무엇이 오느냐에 따라 알맞은 형태를 쓰면 됩니다.

I am walking. 나는 걷는 중이다.
She is reading. 그녀는 책을 읽는 중이다.
They are jogging. 그들은 조깅을 하는 중이다.

03 I love you the most in the world.

세상에서 너를 가장 사랑해.

아기는 엄마와 사랑의 관계를 통해 세상을 배웁니다. 엄마가 들려주는 사랑의 표현이 아이를 건강하고 튼튼하게 자라게 합니다.

I love you the most in the world. 세상에서 너를 가장 사랑해.

Darling, you are my joy. 아가, 넌 나의 기쁨이란다.

Mommy will give you a kiss and a hug. 엄마가 뽀뽀하고 안아줄게.

Mommy loves you just the way you are. 엄마는 너를 있는 모습 그대로 사랑한단다.

I will always be there for you. 항상 네 옆에 있을게.

You are my whole world. 넌 나의 전부야.

mp3 듣기

동영상 강의

How could I live without my baby? 우리 아기 없이 어떻게 살까?

Mommy will always love you. 엄마는 널 항상 사랑할 거야.

I love you more than you will ever know. 네가 아는 것보다 널 훨씬 더 사랑해.

I love you more than words can say. 말로 할 수 없을 만큼 널 사랑해.

Yon know how much Mommy loves you, right? 엄마가 널 얼마나 사랑하는지 알지?

Thank you so much for being my baby. 엄마의 아기로 태어나줘서 정말 고마워.

하루 하나 패턴 영어 18

thank you for ~ : ~해줘서 고맙다

thank you for 뒤에 고마워하는 이유를 써서 무엇을 고마워하는지 말할 수 있습니다. for 뒤에는 명사 혹은 동사 ing 형태가 옵니다.

Thank you for your help. 도와줘서 고마워.
Thank you for your time. 시간 내줘서 고마워.
Thank you for coming. 와줘서 고마워.

Do you want to listen to some songs?

노래 들을까?

3세 이전의 아기에게 영어 동요를 들려주는 것도 아기의 언어를 풍부하게 합니다. 엄마와 함께 영어 동요를 듣는 시간, 아기에게는 이 시간도 신기하고 재미납니다.

Do you want to listen to some songs? 노래 들을까?

I will bring a CD for you. CD를 가져올게.

I will play the CD. CD를 틀어줄게.

Do you like this song? 이 노래 좋아하니?

The volume is too loud. Let me turn it down. 볼륨이 크네. 소리 줄여줄게.

Can you hear it well? 잘 들리니?

Do you want to sing together? 함께 노래 부를까?

Oh! You want to listen to other songs. 오! 다른 노래를 듣고 싶구나.

Let me check my smartphone if I have different songs.

다른 노래들이 있는지 스마트폰을 확인해볼게.

Ok. Let's listen to the songs. 자. 이 노래들을 들어보자.

I will turn up the volume. 볼륨을 높여줄게.

Sweetie, it is your favorite song. 아가, 이게 네가 제일 좋아하는 노래구나.

Let's dance to the song. 음악에 맞춰 춤을 추자.

if : ~인지 (아닌지)

if는 '만약에'라는 뜻으로 많이 사용하는 단어죠? 그런데 '~인지 (아닌지)'라는 뜻도 있습니다. 이때도 if 다음에 주어+동사 순으로 문장을 만들면 됩니다.

I don't know if you know the story. 나는 네가 그 이야기를 아는지 (모르는지) 모르겠어.
I don't know if you know the book. 나는 네가 그 책을 아는지 (모르는지) 모르겠어.
I don't know if you know my name. 나는 네가 내 이름을 아는지 (모르는지) 모르겠어.

05 Yay! This is your first birthday party.

와! 너의 첫 번째 생일 파티야.

엄마 아빠에게는 아기의 첫 돌잔치가 큰 의미로 다가옵니다. 태어나서 일 년 동안 건강하게 자란 아기의 생일을 축하하고 아기의 미래를 축복하는 시간입니다.

Yay! This is your first birthday party. 와! 너의 첫 번째 생일 파티야.

Happy birthday, my little angel! 생일 축하한다, 나의 예쁜 천사야!

Mommy brought a gift for you. 엄마가 선물을 가져왔어.

Sweetie, this cake is for you. 아가, 너의 케이크란다.

Mommy will get ready for the party. 엄마는 파티를 준비할게.

Mommy should get dressed up for your party. 엄마는 파티를 위한 옷을 입어야 해.

mp3 듣기 동영상 강의

Wow, your aunts and uncles are here. 와, 이모들과 삼촌들이 오셨네.

We will sing "Happy Birthday." 생일 축하 노래 불러줄게.

Let's blow out the candles. 촛불을 끄자.

Let me make a wish for my baby. 우리 아기를 위한 소원을 빌게.

Let's do "Doljabi." '돌잡이' 하자꾸나.

Pick one! What do you want to pick? 하나 골라봐! 어떤 것을 고르고 싶니?

My baby grabbed a pencil. 우리 아기가 연필을 잡았구나.

I will cut the cake and give it to the guests. 케이크를 잘라서 손님들에게 나누어줄게.

하루 하나 패턴 영어 20

get ready for ~ : ~을(를) 준비하다

for 뒤에 명사를 써서 무엇을 준비한다는 표현으로 사용합니다. 평소에 아이를 준비시킬 때나 엄마가 무언가를 준비할 때 이 말을 사용해보세요.

Get ready for school. 학교 갈 준비해라.
Get ready for bed. 잠잘 준비해라.
Get ready for class. 수업을 준비해라.

PART 02
우리 아이와 신나는 하루!
4-6세

CHAPTER 1

아이 챙겨주기

01 Get up now, or you will be late.

지금 일어나렴, 안 그러면 늦어.

아기가 커서 어느덧 어린이집 또는 유치원에 가게 되었네요. 늦지 않게 아이를 깨우고 준비시켜야 하는데요. 아침에 아이를 깨우기가 쉽지만은 않아요.

It's time to wake up. 일어날 시간이야.

Just five more minutes. 5분만 더 잘게요.

Get up now, or you will be late. 지금 일어나렴, 안 그러면 늦어.

I'm awake. 일어났어요.

Didn't you sleep sound last night? 지난밤에 푹 못 잤니?

*sleep sound : 숙면하다

I slept well. 잘 잤어요.

I can't get up. 못 일어나겠어요.

I'm already up. 저 벌써 일어났어요.

You did get up by yourself. 혼자 일어났구나.

Did you set up the alarm? 알람을 맞추어놓았니?

Did you sleep tight? 잘 잤니?

Did you stay up late? 늦게까지 안 자고 있었니?

Next time, I will not wake you up. 다음에는 깨워주지 않을 거야.

하루 하나 패턴 영어 21

by oneself : 혼자서

'다른 사람 도움 없이 혼자서'라는 뜻인데요. oneself의 one 자리에는 다음과 같이 소유격이나 목적격이 들어가요. myself, yourself, himself, herself, itself, themselves, ourselves.

I cleaned up by myself. 나는 혼자서 청소했어.
He cleaned up by himself. 그는 혼자서 청소했어.
They came home by themselves. 그들은 자기들끼리 집에 돌아왔어.

02 Let's have breakfast.

아침 식사하자.

아침 식사 시간. 아이가 어린이집이나 유치원에 가기 전, 온 가족이 함께 식사하는 시간입니다. 식사 준비부터 식사하기까지 분주한 시간이네요.

Let's have breakfast. 아침 식사하자.

Do you want me to set the table? 식탁을 차릴까요?

Dad is setting the table. 아빠가 식탁을 차리고 계셔.

Okay. Then I will go and sit at the table. 네. 그럼 식탁에 가서 앉을게요.

Can you call your sister? 누나도 불러올래?

Sure. 알겠어요.

Enjoy your meal. 맛있게 먹으렴.

Breakfast is ready. 아침 식사가 준비됐어.

You don't feel like eating. 먹기 싫은가 보구나.

Isn't it good? 맛있지 않니?

Hurry up and eat. 서둘러서 먹어.

Can you pass me the water bottle? 물병 좀 건네줄래?

Are you done eating? 다 먹었니?

하루 하나 패턴 영어 22

feel like + 동사 ing : ~을(를) 하고 싶다

'~을(를) 하고 싶다'라는 영어 표현은 여러 가지가 있는데요. feel like + 동사 ing도 자주 듣게 되는 표현이죠? like 뒤에는 동사 ing 형태가 와야 합니다.

I feel like dancing. 춤을 추고 싶어.
I feel like drinking coffee. 커피를 마시고 싶어.
I feel like going home. 집에 가고 싶어.

03 You should wash your face!

세수해야지!

아이에게 세수하고 양치질하는 시간에 영어로 말해봅시다. 놀이처럼 즐거운 시간이 될 거예요. 아이에게 꼭 필요한 건강 습관으로 자리 잡기도 할 거고요.

You should wash your face! 세수해야지!

Can I do it later? 나중에 해도 돼요?

Your face is dirty. 네 얼굴이 지저분하잖아.

Do I have to brush my teeth as well? 양치질도 해야 돼요?

Of course. Brush your teeth with the toothpaste. 물론이지. 치약으로 양치하렴.

We are out of toothpaste. 치약을 다 썼어요.

mp3 듣기

Wipe your face with the towel. 수건으로 얼굴을 닦으렴.

There is no towel in the bathroom. 화장실에 수건이 없어요.

Wash your neck, too. 목도 닦으렴.

Let's brush up and down. 위아래로 이를 닦자.

Gargle with water and spit it. 물로 입안을 헹구고 뱉어.

Squeeze the toothpaste. 치약을 짜렴.

Put some toothpaste on your toothbrush. 칫솔에 치약을 묻혀.

하루 하나 패턴 영어 23

as well : ~도, ~ 또한

앞에 언급한 것에 무언가를 덧붙일 때 '~도' '~ 또한'이라는 뜻으로 쓰이는데요. 같은 의미의 표현으로는 too가 있습니다.

We like pizza as well. 우리는 피자도 좋아해.
We like the movie as well. 우리는 그 영화도 좋아해.
We like the book as well. 우리는 그 책도 좋아해.

04 You should wear socks first.

양말 먼저 신어야지.

아이가 양말과 신발을 언제부터 혼자 신을 수 있을까요? 아직은 엄마에게 이것저것 묻고 도움을 청하죠. 양말과 신발을 짝 맞춰서 잘 신는지 살펴보게 됩니다.

Mom, I will wear shoes. 엄마, 신발 신을게요.

You should wear socks first. 양말 먼저 신어야지.

My socks don't match. 제 양말이 짝짝이예요.

Change your socks. 그럼 양말을 바꾸렴.

Can I wear sneakers? 운동화 신어도 돼요?

Yes. Wear the new sneakers. 그럼. 새 운동화를 신으렴.

You put socks on the wrong feet. 오른쪽 왼쪽 양말을 바꿔 신었구나.

My socks are too small for me. 양말이 저에게 너무 작아요.

These socks are old and torn. 이 양말은 낡아서 찢어졌네.

Your shoes fit. 네 신발 크기가 잘 맞구나.

Tie your shoelaces. 신발 끈을 묶으렴.

Your shoelaces are untied. 신발 끈이 풀렸어.

The new shoes must be on the shoe rack. 새 신발이 신발장에 있을 거야.

하루 하나 패턴 영어 24

must be ~ : ~이(가) 틀림없다

강한 확신에 찬 표현입니다. 추측이기는 하지만 분명히 그랬을 거라는 확신을 갖고 하는 말입니다. must be 뒤에는 명사나 형용사가 오지요.

You must be a teacher. 당신은 선생님이 틀림없어요.
They must be students. 그들은 학생들이 틀림없어요.
They must be happy. 그들은 분명히 행복할 거야.

05 Do you want to get dressed by yourself?
너 혼자서 옷을 입을 거니?

이제는 아이가 혼자 옷을 골라서 입고 싶어 하네요. 아이에게 좋아하는 옷이 생겼나 봐요. 아이의 취향은 존중해주지만 여전히 엄마의 손길이 필요하네요.

Do you want to get dressed by yourself? 너 혼자서 옷을 입을 거니?

I want to wear the yellow T-shirt today. 오늘은 노란색 티셔츠를 입고 싶어요.

Try it. 한번 입어보렴.

Do I look good? 저 괜찮아요?

I think it is okay. 괜찮은 것 같은데.

But I want to wear something else. 그런데 다른 옷을 입고 싶어요.

mp3 듣기 동영상 강의

필수표현 Plus

What do you want to wear? 무슨 옷 입고 싶니?

Can I wear this? 이 옷 입어도 돼요?

Look in your closet. 옷장 안에서 찾아보렴.

The pants matches the shirt. 그 바지는 그 셔츠랑 잘 어울려.

You put on your shirt inside out. 너 셔츠를 뒤집어 입었어.

The hoodie is thin. 후드(모자 달린 상의)가 얇아.

Button your shirt. 셔츠 단추를 잠그렴.

하루 하나 패턴 영어 25

Can I ~ : ~해도 돼요?

can은 여러 가지 뜻이 있고 쓰임도 그때그때 달라요. 여기서는 허락을 구할 때 사용하는 can의 예문을 살펴봅시다.

Can I drink some water? 물 좀 마셔도 돼요?
Can I go to the bathroom? 화장실에 가도 돼요?
Can I watch TV? TV 봐도 돼요?

CHAPTER 2

아이와 수다 떨기

01 Do you want to go for a walk?

산책 가고 싶니?

아이와 수다 떨기 좋은 시간. 가까운 공원에 산책하러 갔을 때입니다. 날씨, 이웃, 자연, 요즘 아이의 생활 등 나눌 이야기가 참 많네요.

Wow, it is sunny today. 우와, 날씨가 화창해요.

Do you want to go for a walk? 산책 가고 싶니?

I'd like to go to the park. 공원에 가고 싶어요.

Can you see the trees? 나무들 보이니?

There are a lot of trees at the park. 공원에 나무들이 많아요.

That's why I like this park. 그래서 엄마는 이 공원이 좋단다.

There are many people at the park. 공원에 사람들이 많아요.

Let's hold hands and walk. 손잡고 걷자.

Don't step on the grass. 잔디를 밟지 마라.

Let's take a break. 우리 좀 쉬어요.

Your legs hurt. 너 다리가 아프구나.

Look at the flowers in full bloom. 활짝 핀 꽃을 보세요.

Do you want to go back now? 이제 그만 돌아갈까?

하루 하나 패턴 영어 26

That's why : 그래서 ~하다

That's why 뒤에는 앞에서 한 말에 대한 결과가 나와야 합니다. I don't like milk. That's why I don't drink milk. 이런 식으로 말이죠.

That's why I came here. 그래서 여기 온 거야.
That's why I like the book. 그래서 그 책을 좋아하는 거야.
That's why I need it. 그래서 그것이 필요해.

02 Do you want to ride a bike?

너도 자전거 타고 싶니?

아이가 처음으로 자전거를 배우고 싶어 합니다. 자전거를 가르쳐주는 데 시간이 좀 걸리지요. 아이가 혼자 탈 수 있을 때까지 많은 도움이 필요하네요.

Mom, my friend can ride a bike. 엄마, 내 친구는 자전거를 탈 줄 알아요.

Do you want to ride a bike? 너도 자전거 타고 싶니?

I don't know how to ride a bike with two wheels. 두발자전거는 탈 줄 몰라요.

We can put the training wheels. 보조 바퀴를 달면 되지.

Ok. I can try then. 좋아요. 그럼 해볼게요.

Good. Let's go. 좋았어. 가자.

mp3 듣기

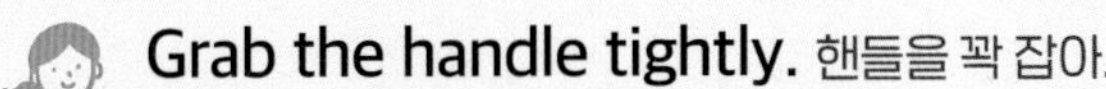
- **Grab the handle tightly.** 핸들을 꽉 잡아.

- **Put on the helmet.** 헬멧을 써.
- **Hold the brakes.** 브레이크를 잡으렴.
- **Step on the pedal.** 페달을 밟아.
- **Turn the handle to the left/right.** 핸들을 왼쪽/오른쪽으로 돌려.
- **Slow down when you go downhill.** 내리막길에서 천천히 가렴.
- **Look at the road ahead.** 앞에 도로를 잘 봐.

하루 하나 패턴 영어 27

how to ~ : 어떻게 ~하는지

~하는 방법을 말할 때 쓰는 표현입니다. 무언가를 어떻게 사용하는지, 어떻게 읽는지 등 아이들과 자주 쓰게 되는 말입니다.

I know how to read. 나는 어떻게 읽는지 알아.
I know how to swim. 나는 어떻게 수영하는지 알아.
I know how to go there. 나는 어떻게 그곳에 가는지 알아.

03 Let me read a book before going to sleep.
자기 전에 책 읽어줄게.

'Bed time story' 시간은 아이가 정말 기다리고 기다리는 시간입니다. 엄마랑 단둘이 책을 읽는 시간, 엄마와 아이에게 즐거운 추억이 차곡차곡 쌓입니다.

Let me read a book before going to sleep. 자기 전에 책 읽어줄게.

I will pick one. 제가 책 고를게요.

What's the title of the book? 책 제목이 뭐니?

Hungry Caterpillar. <배고픈 애벌레>예요.

Right! *The very hungry caterpillar*. Listen carefully. 맞아! <배고픈 애벌레>. 잘 들어봐.

mp3 듣기

동영상 강의

Which book do you like? 어느 책이 좋아?

Do you know next story? 다음 이야기 알고 있니?

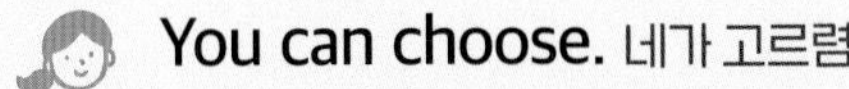
You can choose. 네가 고르렴.

I will read this book again tomorrow. 내일 또 이 책 읽어줄게.

I will read the rest tomorrow. 내일 나머지를 읽어줄게.

Let's stop reading. 그만 읽자.

Read me one more book, please. 한 권만 더 읽어주세요.

하루 하나 패턴 영어 28

will ~ : ~할 것이다
미래의 일에 관해 말할 때 쓰는 표현입니다. 앞으로 어떤 일을 할 건지 의지를 말하거나 미래의 일을 예측할 때 사용합니다.

I will call you. 너한테 전화할게.
I will go there. 거기로 갈 거야.
I will buy the book. 그 책을 살 거야.

04 Draw whatever you want.

무엇이든 네가 그리고 싶은 걸 그리렴.

그림 그리기는 아이의 상상력을 마음껏 발휘할 수 있는 활동입니다. 엄마와 그림도 그리고 이야기도 나누는 시간은 아이에게 더할 나위 없이 즐거운 놀이 시간입니다.

Mom, I'm bored. 엄마, 저 심심해요.

Do you want to draw? 그림 그려볼래?

What can I draw? 뭘 그릴까요?

Draw whatever you want. 무엇이든 네가 그리고 싶은 걸 그리렴.

Look at this! I drew my friend. 이것 보세요! 제 친구를 그렸어요.

Awesome! 멋진데!

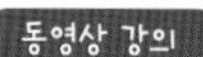

Open the sketchbook. 스케치북을 펼쳐봐.

I want to draw with crayons and paints. 크레용과 물감으로 그림을 그리고 싶어요.

Make a sketch. 밑그림을 그리렴.

How do you draw a lion? 사자를 어떻게 그려요?

Draw the lion large. 사자를 크게 그려봐.

Erase it with an eraser. 지우개로 지우렴.

Wow! It looks real. 와! 진짜 같아요.

하루 하나 패턴 영어 29

with ~ : ~을(를) 이용해, ~으로

with는 원래 '~과(와) 함께'라는 뜻으로 많이 쓰입니다. 그런데 어떤 도구를 이용해 무언가를 한다고 표현할 때도 사용하지요.

Write with a pen. 펜으로 써라.
Draw with paints. 물감으로 그림을 그려라.
Cut the paper with scissors. 가위로 종이를 잘라라.

05 I want to have a dog.
강아지를 키우고 싶어요.

반려동물 키우기는 아이들의 귀여운 소원이기도 합니다. 특히 강아지를 좋아하는 아이들이 많은데요. 물론 강아지를 키우려면 엄마의 손이 많이 가겠죠.

- I want to have a dog. 강아지 키우고 싶어요.
- Sweetie, I don't think we can have one. 얘야, 그러긴 힘들 것 같구나.
- I will take care of the dog. 제가 강아지를 돌볼게요.
- Let me think about it. 생각 좀 해보자.
- You like a dog, too. 엄마도 강아지 좋아하잖아요.
- You are right, but I'm busy enough. 맞아, 그런데 엄마가 너무 바빠서.

mp3 듣기

- Look! This is my dog. 이것 보세요! 제 강아지예요.
- Train the dog to sit. 강아지에게 앉기 훈련을 시켜봐.
- We should potty train our dog. 강아지에게 배변 훈련을 시켜야 해요.
- My dog can jump and roll. 제 강아지는 뛰어오르고 구를 줄 알아요.
- I will walk my dog. 제가 강아지랑 산책할게요.
- My dog can do some tricks. 제 강아지는 재주를 부릴 줄 알아요.
- My dog shakes his/her tail when he/she is happy.
  제 강아지는 기분이 좋을 때 꼬리를 흔들어요.

하루 하나 패턴 영어 30

enough : 충분히

이 단어는 동사나 형용사 바로 뒤에 붙습니다. 상황에 따라서 긍정적인 의미로도 쓰이고 부정적인 의미로도 쓰입니다.

You are good enough. 너는 충분히 괜찮아.
You are wise enough. 너는 충분히 지혜로워.
You are brave enough. 너는 충분히 용감해.

CHAPTER 3

엄마의 잔소리

01 Don't sit too close to the TV.

TV에 너무 가까이 앉지 마.

아이들이 TV나 DVD를 보는 시간. 엄마는 아이에게 괜찮은 프로그램인지 확인합니다. 아이가 TV에서 적절한 거리에 떨어져서 앉았는지, 적절한 시간 동안 시청하는지 살펴보게 되죠.

Don't sit too close to the TV. TV에 너무 가까이 앉지 마.

Mom, the TV show is already finished. 엄마, TV 프로그램이 이미 끝났어요.

Then, what do you want to watch? 그럼, 뭘 보고 싶니?

Can I watch a DVD? DVD 봐도 돼요?

Do you want to watch *The Magic School Bus?* <매직 스쿨버스> 볼래?

No. I will watch *Berenstain Bears.* 아니요. <베렌스타인 베어스> 볼래요.

mp3 듣기

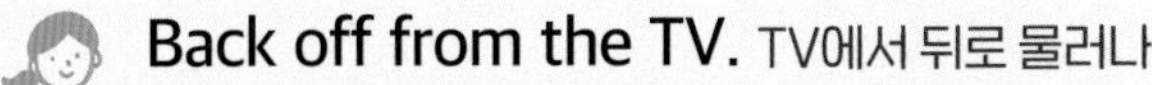

Back off from the TV. TV에서 뒤로 물러나.

Turn on the TV. TV를 켜.

You are watching too close. 너무 가까이에서 보는구나.

Stop watching TV. TV 그만 봐.

Press the button on the remote. 리모컨 버튼을 누르렴.

Let's watch *Peppa Pig* without any subtitles. 자막 없이 <페파 피그>를 보자.

I want watch it with English subtitles on. 저는 영어 자막으로 보고 싶어요.

하루 하나 패턴 영어 31

명령문 : ~해라

명령문은 동사 원형, 즉 동사의 원래 형태로 문장을 시작합니다. 명령문에서는 주어를 쓰지 않지만 생략된 주어는 you입니다. 명령하는 상대가 바로 앞에 있는 사람이기 때문이죠.

Be quiet! 조용히 하렴!
Turn the volume up! 볼륨을 높여라!
Open the book! 책을 펼쳐라!

02 We should talk.

우리 이야기 좀 하자.

아이가 동생과 잘 지내면 좋겠는데, 성장하는 과정에서 싸울 때도 있습니다. 동생과 사이좋게 지내라고 엄마는 잔소리를 할 수밖에 없네요.

Give me the remote control. 리모컨 내놔.

What do you think you are? 네가 뭔데?

What's going on? 무슨 일이니?

He took the remote. 리모컨을 가져갔어요.

Give me the remote. We should talk. 리모컨 이리 줘. 우리 이야기 좀 하자.

Don't be rude to your sister. 누나한테 무례하게 굴지 마.

Stop it, or I will give you a timeout. 그만해, 안 그러면 벌준다.

*timeout은 몇 분간 벌 받는 시간을 갖게 하는 것입니다.

Stop right now. 당장 그만해.

Say, "Sorry." to each other. 서로 미안하다고 말하렴.

Be nice to each other. 서로에게 잘해줘야지.

Shake hands with your brother. 동생과 악수하렴.

Let him/her do it. (양보의 의미에서) 그렇게 하게 내버려 둬.

명령문, or 주어 + 동사 : ~해라, 그렇지 않으면 ~할 거야

무언가를 하라고 명령하고 그렇게 하지 않으면 ~할 것이라고 주의를 시킬 때 쓰는 표현입니다.

Hurry up, or you will be late. 서둘러라, 그렇지 않으면 늦을 거야.
Be careful, or you will fall. 조심해라, 그렇지 않으면 넘어질 거야.
Stop it, or you will get hurt. 그만해라, 그렇지 않으면 다칠 거야.

03 Be careful!

조심해!

아이들에게 안전만큼 중요한 것이 없지요. 엄마는 아이에게 무엇이 안전하고 무엇이 위험한지 자주 설명하게 됩니다. 물론, 그러면서 주의도 주게 되고요.

Be careful! 조심해!

I can give you this knife. 제가 이 칼 건네주려고요.

No. You shouldn't touch the knife. 아니야. 그 칼 만지지 마.

I want to help you. 도와드리고 싶어요.

I know, but be careful. 그래, 그런데 조심하렴.

Okay, I promise. 네, 약속할게요.

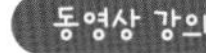

- Don't play with the electrical cords. 전기 코드 가지고 놀지 마.
- Pinky promise. 손가락 걸고 약속해.
- Don't touch it. It is hot/dangerous. 만지지 마. 그거 뜨거워/위험해.
- It's slippery. 미끄러워.
- Don't do that anymore. 다시는 그러지 마.
- Move far away! 멀리 떨어져!
- Don't stand close to the window. 창문에 가까이 서지 마.

하루 하나 패턴 영어 33

should vs. shouldn't : ~해야 한다 vs. ~하면 안 된다

충고할 때 주로 쓰는 표현입니다. 아이들과 지내다 보면 참 많이 하게 되는 말인데요. 매일같이 쓰는 말이니 기억해두면 유용하겠죠?

You should go to bed. 자러 가야 해.
You should get up early. 일찍 일어나야 해.
You shouldn't talk like that. 그렇게 말하면 안 돼.

04 Sit still in the car, please.

차 안에서는 얌전히 있으렴.

아이와 차를 탈 때는 늘 아이의 안전을 챙기게 됩니다. 개구쟁이 아이는 차 밖의 풍경이 궁금한가 봐요. 그래도 차 안에서는 가만히 앉아 있어야겠죠?

Let's get in the car. 차 타자.

I want to sit in the front seat. 앞자리에 앉고 싶어요.

No. Go to the back seat. 안 돼. 뒷자리로 가렴.

Okay, Mom. Don't worry. 알겠어요, 엄마. 걱정하지 마세요.

Good boy. Sit still in the car, please. 착하네. 차 안에서는 얌전히 있으렴.

mp3 듣기

Buckle up, please. 안전띠를 매렴.

You should check before opening the door.

자동차 문을 열기 전에는 주변을 잘 살펴야 해.

Kids shouldn't sit in the front seat. 아이들은 앞자리에 앉으면 안 돼.

Ride in the back seat. 뒷자리에 타.

Don't put your head out the window. 창밖으로 머리 내밀지 마라.

I am getting car sick. 차멀미가 나요.

Did your motion sickness go away? 멀미는 없어졌니?

*car sick는 차멀미만 가리킵니다. motion sickness는 모든 교통수단을 탔을 때 나는 멀미를 뜻합니다.

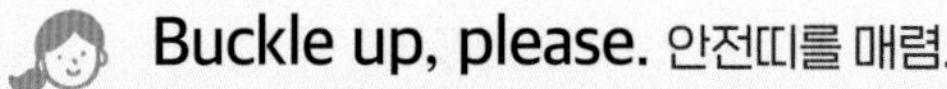

하루 하나 패턴 영어 34

go away : 없어지다

go away는 다양한 뜻을 지니고 있는데요. 두 가지 정도만 정리하자면, '없어지다'라는 뜻과 실제로 그 자리에서 '(떠나)가다'라는 뜻이 있어요.

Go away! 가!

The smell didn't go away. 그 냄새는 없어지지 않았다.

My headache didn't go away. 내 두통은 사라지지 않았다.

05 Go and say, "Thank you."

가서 고맙다고 인사하렴.

엄마도 아이도 서로에게 고마움을 전하는 인사, "고맙습니다"는 관계를 아름답게 하는 말입니다. 고맙다는 인사가 아이에게 익숙해지면 참 좋겠죠?

Mom, I got a gift from my friend. 엄마, 제 친구한테 선물 받았어요.

It looks great. Did you say "Thank you?" 멋지구나. 고맙다고 이야기했니?

Oh! I forgot it. 오! 까먹었어요.

Go and say, "Thank you." 가서 고맙다고 인사하렴.

Okay. I will. 네. 그렇게 할게요.

Good boy! 착하네!

Thank you for everything. 모든 것에 감사드려요.

Thank you very much for your time. 시간 내주셔서 감사합니다.

I appreciate it. 감사합니다.

I appreciate your help. 도움 주셔서 감사합니다.

I don't know how to thank you. 어떻게 감사해야 할지 모르겠구나.

I said, "Thank you." to my friend. 제 친구에게 "고마워"라고 했어요.

I'm grateful for your help. 도와줘서 고마워.

하루 하나 패턴 영어 35

고맙다는 인사 "Thank you."에 대한 대답

"You are welcome."처럼 책에 나오는 표현들은 무난한 대답으로 사용됩니다. 영어권에서는 지역마다 쓰는 표현들이 조금씩 다른데요. 여기서는 일상에서 주로 사용하는 대답들을 소개합니다.

My pleasure. 나도 기뻐.
No worries. 아니야.
No problem. 별 거 아니야.
Anytime. 언제든 좋아.

CHAPTER 4

엄마와 놀이하는 시간

01 Mom! Let's play hide and seek.
엄마! 숨바꼭질해요.

아이들은 집 안 여기저기 숨어서 하는 놀이인 '숨바꼭질'을 좋아합니다. 숨고 찾는 과정이 무척이나 재미있나 봐요. 아이들과 숨바꼭질 놀이를 할 때 쓰는 표현들로는 무엇이 있을까요?

Mom! Let's play hide and seek. 엄마! 숨바꼭질해요.

Ok, I will be it. 좋아, 내가 술래 할게. * 여기서 it은 술래를 가리킵니다.

Then I will hide. 그럼 제가 숨을게요.

I will count to ten and look for you. 열까지 세고 널 찾을 거야.

Mom, you shouldn't peek. 엄마, 몰래 보면 안 돼요.

Ready or not, here I come. 준비가 됐든 안 됐든, 찾으러 간다.

mp3 듣기

You are the seeker and I am the hider. 너는 술래고 나는 숨는 사람이야.

I can't find you. 널 못 찾겠구나.

Did you hide behind the door? 문 뒤에 숨었니?

No peeking. 몰래 보기 없기.

Let's hide here. 여기 숨자.

Hide in a safe place. 안전한 곳에 숨어.

Wait. I will find you. 기다려. 내가 널 찾을 거야.

하루 하나 패턴 영어 36

Did + 주어 + 동사 원형 : ~했어?

Did + 주어 + 동사 원형은 지나간 일에 관해 질문할 때 쓰는 표현입니다. did를 활용해 아이에게 이런저런 질문을 던져보세요.

Did you do your homework? 숙제했어?
Did you call your dad? 아빠를 불렀어?
Did you help your friend? 네 친구를 도와주었어?

02 I want to slide down the slide.
미끄럼틀 타고 싶어요.

아이에게나 어른에게나 놀이터는 즐거운 놀이 장소입니다. 엄마는 아이가 놀이터에서 얼마나 신나게 노는지 지켜봅니다. 엄마의 마음도 함께 즐거워지는 시간입니다.

Let's go to the playground. 놀이터에 가자.

Okay! I want to slide down the slide. 좋아요! 미끄럼틀 타고 싶어요.

Are you ready to slide down? 내려올 준비 됐어?

Yes. Stay there. I'm coming down. 네. 거기 계세요. 내려갈게요.

Good job! 잘하네!

Mom, I want to swing now. 엄마, 이제 그네 타고 싶어요.

mp3 듣기

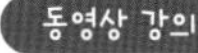

필수표현 Plus

I will push you. Hold on! 내가 밀어줄게. 꼭 잡아!

Mom, stop the swing, please. 엄마, 그네 좀 멈춰주세요.

I want to get off. 내리고 싶어요.

Let's get on the seesaw. 우리 시소 타자.

Can you get on the seesaw with me, Mom? 엄마, 시소 같이 타줄 수 있어요?

Look at me! I'm the top of the jungle gym. 저 좀 보세요! 정글짐 꼭대기에 있어요.

Be careful when you come down. 내려올 때 조심하렴.

get off ~ : ~에서 내리다

쓰임도 뜻도 여러 가지인 표현입니다. 무언가 타고 있던 것에서 내릴 때 흔히 쓰는 말이기도 합니다.

Get off the train. 기차에서 내려.
Get off the bus. 버스에서 내려.
Get off the elevator. 엘리베이터에서 내려.

03 Let's do origami.

우리 종이접기 하자.

종이접기 시간입니다. 종이접기는 아이들의 두뇌 발달이나 창의력 발달에 좋다고 알려져 있어요. 종이접기는 영어로 origami 또는 paper folding이라고도 합니다.

- Let's do origami. 우리 종이접기 하자.
- Do you know how to fold a star? 별 접을 줄 알아요?
- Let me see how to fold it. 어떻게 접는지 한번 보자.
- I will get colored paper. 색종이 가지고 올게요.
- I will read the direction. 설명서 좀 읽어볼게.

mp3 듣기

동영상 강의

I can't fold it well. 종이를 잘 못 접겠어요.

Just fold it in half and press it. 반으로 접은 다음 꾹 누르렴.

Fold it again. 다시 한 번 더 접어.

Let's fold it diagonally. 대각선으로 접자. * diagonally: 대각선으로

Unfold it and turn it over. 펼친 다음 뒤집어.

Did I fold it the wrong way? 제가 잘못 접었어요?

You got it right. 넌 제대로 했어.

하루 하나 패턴 영어 38

do ~ : ~을(를) 하다

do는 문장의 동사를 도와주는 조동사로 쓰일 때도 있어요. 조동사로 쓰일 때는 뜻이 따로 있지 않지요. 이렇게 do가 동사로 쓰이면 그냥 '~을(를) 하다'라는 뜻이 됩니다.

I will do homework. 나는 숙제를 할 거야.
I will do my best. 나는 최선을 다할 거야.
I will do it again. 나는 그것을 다시 할 거야.

04 Let's stack the blocks.

블록을 쌓자.

블록 놀이는 창의력에도 좋고 수학적 능력도 향상시켜준다고 합니다. 아이들은 상상의 나래를 마음껏 펼치며 블록 놀이에 빠져듭니다.

Mom, I'm so bored. 엄마, 저 너무 심심해요.

You and I can play with blocks together. 우리 블록을 가지고 함께 놀면 되지.

Really? I will get the blocks out. 정말요? 블록을 꺼내 올게요.

Let's stack the blocks. 블록을 쌓자.

I will put the red block on the blue one. 빨강 블록을 파랑 블록 위에 올릴게요.

Wow! We stacked them high. 와! 우리가 블록을 높이 쌓았구나.

mp3 듣기

동영상 강의

Get the blocks together. 블록들을 모아보렴.

What do you want to make with blocks? 블록으로 뭘 만들고 싶어?

Get me the blue block. 파란색 블록을 주렴.

Let's build a train with blocks. 블록으로 기차를 만들자.

The black one is gone. 검은색 블록이 없어졌어요.

Don't throw the blocks. 블록들을 던지지 마.

Put the blocks back in the box. 블록들을 상자 안에 넣으렴.

하루 하나 패턴 영어 39

make A with B : B로 A를 만들다

make는 '~을(를) 만들다'라는 뜻이고, with는 '~을(를) 가지고'라는 뜻이죠. with 뒤에는 무엇을 만드는 데 재료가 될 만한 것이 옵니다.

Make a frog with the paper. 종이로 개구리를 만들어봐.
Make a doll with clay. 점토로 인형을 만들어봐.
Make a cake with flour. 밀가루로 케이크를 만들어봐.

05 Do you want to play with clay?

찰흙 가지고 놀까?

엄마랑 함께 찰흙 놀이를 해요. 손을 많이 사용하는 놀이라 아이의 두뇌 발달에 좋은 영향을 미치죠. 찰흙으로 만들 수 있는 건 정말 다양해요.

I want to do something interesting. 재밌는 거 하고 싶어요.

Do you want to play with clay? 찰흙 가지고 놀까?

Let's do it. 네, 같이 해요.

What do you want to make? 뭘 만들고 싶니?

I will make a cup. 컵을 만들 거예요.

Okay. Mix the clay well first. 그래. 먼저 찰흙을 잘 섞으렴.

mp3 듣기

Do you need a carving knife? 조각칼이 필요하니?

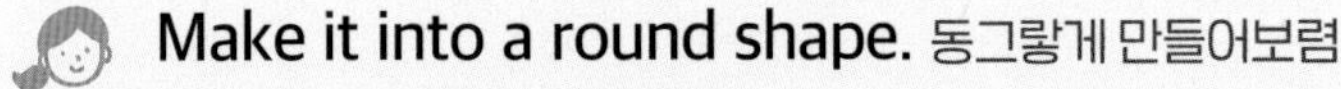
Make it into a round shape. 동그랗게 만들어보렴.

There is a clay lump. 찰흙 덩어리가 있어.

Roll the clay lump. 찰흙 덩어리를 굴려봐.

Spread the clay with a roller. 밀대로 찰흙을 펴봐.

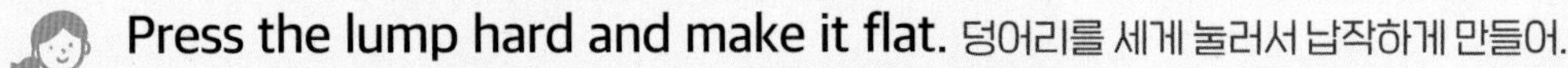
Press the lump hard and make it flat. 덩어리를 세게 눌러서 납작하게 만들어.

Put a lump between your palms and press it.
덩어리를 손바닥 사이에 두고 누르렴.

하루 하나 패턴 영어 40

There is ~ / There are ~ : ~이(가) 있다

There is 뒤에는 단수 명사가, There are 뒤에는 복수 명사가 와요. 이 표현은 사물이나 사람을 처음 언급할 때만 씁니다. 여기서 there를 '거기에'라고 따로 번역하지는 않아요.

There is a cat. 고양이 한 마리가 있다.
There is a book. 책 한 권이 있다.
There are a lot of books. 많은 책이 있다.

Rachel

PART 03
우리 아이가
훌쩍 컸어요!
7-10세

CHAPTER 1

아이와 대화하기

01 I'm home.
다녀왔습니다.

아이가 하원 또는 하교하는 시간. 엄마는 오늘 하루 아이가 유치원 또는 학교에서 어떻게 보냈는지 궁금합니다. 엄마는 아이를 만나면 이런저런 질문을 해요.

I'm home. 다녀왔습니다.

You are home early. 일찍 왔구나.

We finished earlier. 일찍 끝났어요.

How was your art class? 미술 시간은 어땠니?

This is my picture! 이게 제 그림이에요!

Wow, you drew it? Great! 와! 네가 그렸니? 멋지다!

mp3 듣기

동영상 강의

What did you learn at school? 학교에서 무엇을 배웠어?

What did you have for lunch? 점심은 뭘 먹었니?

How was P.E. class? 체육 시간 어땠어?

* P.E.는 Physical Education의 줄임말이고, P.E. class는 체육 시간을 말합니다.

You are late. I was waiting for you. 늦었구나. 기다리고 있었어.

You should come straight home. 집으로 곧장 와야 한다.

Call me when you are late. 늦으면 전화하렴.

Mom, can you pick me up tomorrow? 엄마, 내일 저 데리러 오실 수 있어요?

* pick up : ~을(를) 차에 태우러 가다

하루 하나 패턴 영어 41

wait for ~ : ~을(를) 기다리다

누군가를 기다리거나 무언가를 기다릴 때 쓰는 표현입니다. for 다음에는 기다리는 대상이 옵니다.

I will wait for you. 나는 널 기다릴 거야.
I will wait for the train. 나는 기차를 기다릴 거야.
I will wait for my turn. 나는 내 차례를 기다릴 거야.

02 Who is your best friend?

가장 친한 친구는 누구니?

엄마는 우리 아이의 가장 친한 친구가 과연 누구인지 궁금하죠. 또 친구들과 어떻게 지내는지, 무엇을 하고 노는지도 알고 싶고요.

Who is your best friend? 가장 친한 친구는 누구야?

Rachel is my best friend. Rachel이 가장 친한 친구예요.

Really? Tell me about her. 정말? 어떤 애인지 이야기해주렴.

She is silly and kind. 재미있고 다정한 아이예요.

You two are getting along. 너희 둘이 잘 지내는구나.

I really like her. 전 그 애가 정말 좋아요.

Who do you like the most in your class? 너희 반에서 누가 제일 좋아?

Be nice to your friends. 네 친구들에게 잘해주렴.

Don't make fun of your friends. 친구들을 놀리지 마.

Can I invite my friend? 제 친구를 초대해도 돼요?

I want to play with him/her at our house. 우리 집에서 그 애랑 놀고 싶어요.

I want to make friends with him/her. 그 애랑 친구가 되고 싶어요.

He/She is my close friend. 그 애는 제 친한 친구예요.

하루 하나 패턴 영어 42

get along : 사이좋게 지내다

get along도 여러 가지 뜻을 지니고 있어요. 여기서는 '친구들이나 주변 사람들과 사이좋게 지내다'라는 뜻으로 활용된 예문을 정리해보았어요. 아이들과 자주 쓸 수 있는 표현입니다.

They get along. 그들은 사이좋게 지낸다.
We get along. 우리는 잘 지낸다.
My friend and I get along. 내 친구와 나는 잘 지낸다.

장래 희망

03 What do you want to be when you grow up?

넌 커서 뭐가 되고 싶어?

아이의 꿈은 엄마의 격려와 응원으로 자라납니다. 엄마와 아이는 가끔씩 장래 희망에 관해 대화를 나누죠. 아이는 이런 대화를 통해 자신의 꿈에 더 자신감이 생깁니다.

- Loot at him. He is a famous movie star. 저 사람 좀 보세요. 유명한 영화배우예요.
- Right. Do you want to be a movie star? 그러네. 너도 영화배우가 되고 싶니?
- No. 아니요.
- What do you want to be when you grow up? 넌 커서 뭐가 되고 싶어?
- I want to be a vet. 저는 수의사가 되고 싶어요.
- That is a good idea. 좋은 생각이구나.

What is your dream? 네 꿈이 뭐니?

I want to travel all over the world. 세계여행을 하고 싶어요.

I want to be an artist. 예술가가 되고 싶어요.

I will be a movie director. 영화감독이 될 거예요.

Why do you want to be an artist? 왜 예술가가 되고 싶니?

I want to show people my paintings. 사람들에게 제 그림을 보여주고 싶어요.

I want to make good movies. 좋은 영화를 만들고 싶어요.

하루 하나 패턴 영어 43

when: ~할 때

when은 '언제'라는 뜻으로 의문사로 쓰일 때가 있어요. 여기서는 '~할 때'라는 시간을 나타내는 말로 어떻게 활용되는지 예문을 살펴보아요.

I will call you when I get there. 내가 거기 갈 때, 너에게 전화할게.
I will buy it when I get there. 내가 거기 갈 때, 그것을 살 거야.
I will change my clothes when I go to bed. 나는 자러 갈 때, 옷을 갈아입을 거야.

04 Did you do your homework?

학교 숙제 했니?

학교에 다니는 아이는 숙제를 꼭 챙겨서 해야 하죠? 아직 아이는 엄마와 함께 숙제를 확인하고 싶어 하네요. 숙제 시간에 쓰는 표현들입니다.

Do you have any homework today? 오늘 숙제 있니?

Yes. 네.

Did you do your homework? 학교 숙제 했니?

No. I will do it later. 아니요. 나중에 할게요.

Let's do it now. 지금 하자.

Okay. 알겠어요.

What is your homework? 숙제가 뭐니?

Are you done with your homework? 숙제 다 했니?

The homework is due tomorrow. 숙제는 내일까지예요.

I will try to do my homework by myself. 혼자서 숙제할게요.

The homework is too hard. 숙제가 너무 어려워요.

Mom, can you help me with my homework? 엄마, 제 숙제 좀 도와주시겠어요?

I have done my homework. 저 숙제 다 했어요.

하루 하나 패턴 영어 44

be due + 시간 : ~까지다

정해진 시간이나 날짜까지 어떤 일을 끝내야 할 때 쓰는 표현입니다. 무언가 빌려온 것을 돌려줘야 하는 반납 시기를 말할 때도 사용해요.

The homework is due tomorrow. 숙제는 내일까지야.
The report is due next week. 리포트는 다음 주까지야.
The book is due next week. 도서관 책 반납은 다음 주까지야.

05 Did you get in trouble with your teacher?

선생님께 혼났니?

유치원이나 학교에서 아이는 선생님과 어떻게 지내고 있을까요? 아이와 함께 선생님 이야기를 하는 시간입니다. 아이와 엄마가 서로의 생각을 나눕니다.

You look upset. 화가 나 보이는구나.

I don't want to go to school. 학교에 가고 싶지 않아요.

Did you get in trouble with your teacher? 선생님께 혼났니?

Yes. I just ran in the hallway. 네. 제가 복도에서 뛰었거든요.

Sweetie, don't do that ever again. Walk in the hallway, okay?

얘야, 다시는 그러지 마렴. 복도에서는 걸어 다녀, 알았지?

mp3 듣기

What happened? 무슨 일 있니?

Did you turn in your homework to your teacher?
선생님께 네 숙제를 제출했니?

Did your teacher give you any feedback on your homework?
네 숙제에 대해 선생님께서 뭐라고 말씀하셨니?

What questions did your teacher ask? 선생님께서 어떤 질문을 하셨어?

Did you understand what your teacher said?
선생님께서 말씀하신 내용 이해했니?

My teacher praised me. 선생님께서 저를 칭찬하셨어요.

My teacher praised my painting. 선생님께서 제 그림을 칭찬하셨어요.

하루 하나 패턴 영어 45

show + 사람(목적격) + 명사 : ~에게 ~을(를) 보여주다
show 다음에 사람이 오고 그 뒤에 명사가 오는 문장의 형태입니다. '누구에게 무엇을 보여주다'라는 표현이에요. 순서를 잘 기억해서 사용해보세요.

I will show you the book. 내가 너에게 그 책을 보여줄게.
I will show him our puppy. 내가 그에게 우리 강아지를 보여줄 거야.
I will show him the toys. 내가 그에게 장난감을 보여줄 거야.

CHAPTER 2

엄마를 도와주는 아이

01 Sweetie, air out the room!

얘야, 방 환기 좀 시키렴!

아이가 장난감을 가지고 놀거나 책을 읽고 난 다음 정리하는 시간입니다. 아이는 엄마와 함께 스스로 정리하고 청소하는 법을 배워갑니다.

Please, clean up your room. 네 방을 좀 치우렴.

Okay. I will put my toys away. 네. 장난감을 치울게요.

Sweetie, air out the room! 얘야, 방 환기 좀 시키렴!

Mom, I can't open the window. 엄마, 창문을 못 열겠어요.

Wait! Let me help you. 잠깐만! 엄마가 도와줄게.

mp3 듣기

Your room is so messy. 네 방이 엉망이구나.

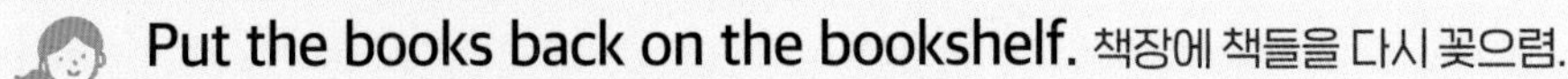
Put the books back on the bookshelf. 책장에 책들을 다시 꽂으렴.

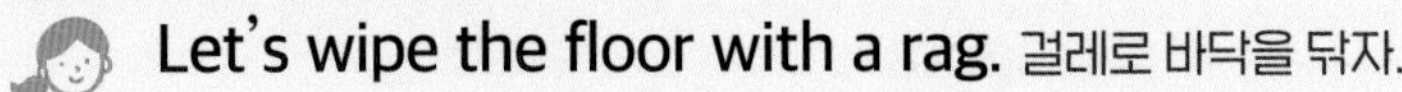
Let's wipe the floor with a rag. 걸레로 바닥을 닦자.

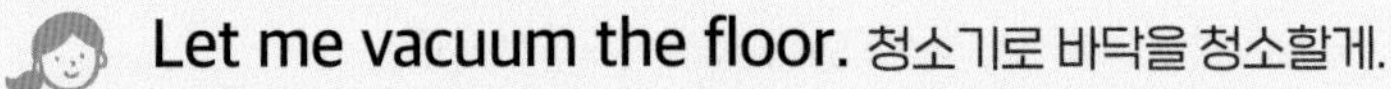
Let me vacuum the floor. 청소기로 바닥을 청소할게.

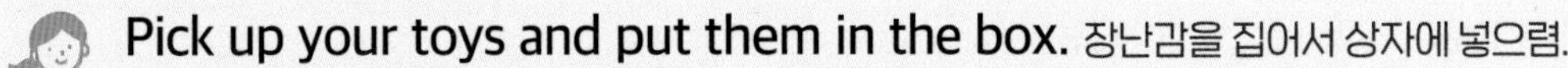
Pick up your toys and put them in the box. 장난감을 집어서 상자에 넣으렴.

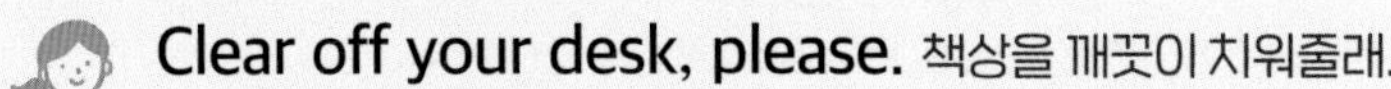
Clear off your desk, please. 책상을 깨끗이 치워줄래.

I will clean it up right away. 바로 치울게요.

put away : ~을(를) 치우다

물건을 치울 때 쓰는 말입니다. 물건의 이름이 put away 뒤에 와도 되고요, put과 away 사이에 와도 됩니다. 단, 대명사는 꼭 put과 away 사이에 와야 합니다.

Put it away. 그것을 치워라.
Put your crayons away. 크레용을 치워라.
Put your clothes away. 옷을 치워라.

02 Let's make toast.

토스트를 만들자.

간식 시간입니다. 엄마와 아이가 간단하게 만들어 먹을 수 있는 간식 메뉴를 찾아봅니다. 재미나게 만들고 맛있게 먹을 수 있는 토스트는 어떨까요?

Let's make toast. 토스트를 만들자.

Isn't it hard? 어렵지 않아요?

It's simple. Get a slice of bread. 간단해. 빵 한 조각을 가져오렴.

Then, what do I have to do? 그런 다음, 뭘 해야 돼요?

Just place it in the toaster. 그걸 토스터에 넣어.

Look! The toast is ready. 보세요! 토스트가 다 되었어요.

I will plug in the toaster. 토스터 플러그를 꽂을게.

Let me switch on the toaster. 토스터 스위치를 켤게.

Let me take the toast out of the toaster. 토스터에서 토스트를 꺼내줄게.

Put the toast on the plate. 토스트를 접시에 담으렴.

I will cut the toast in half. 토스트를 반으로 잘라줄게.

Do you want to spread butter on your toast? 토스트에 버터를 바르고 싶니?

Spread some jam evenly. 잼을 골고루 바르렴.

하루 하나 패턴 영어 47

make toast : 토스트를 만들다

make toast(토스트를 만들다)와 make a toast(건배하다)는 전혀 다른 표현이에요. a가 붙고 안 붙고의 차이가 큽니다. 기억해두면 적절한 상황에서 사용할 수 있겠죠?

I will make toast. 나는 토스트를 만들 거야.
My mom will make toast. 엄마는 토스트를 만드실 거야.
Make a toast to me. 나를 위해 건배해줘.

03 Can you get me the phone?

전화기를 좀 가져다줄래?

전화기가 울립니다. 스마트폰에는 누구에게서 전화가 왔는지 이름이 뜨는데요. 일하고 있던 엄마는 아이에게 전화기를 좀 가져다달라고 부탁합니다.

Mom, your cell phone is ringing. 엄마, 휴대폰이 울려요.

Can you get me the phone? 전화기를 좀 가져다줄래?

Sure. 네.

Thank you, sweetie. 고맙다, 얘야.

You can't hold the phone. 엄마가 전화기를 잡을 수 없네요.

Can you put her on speaker? 스피커폰으로 바꿔주겠니?

mp3 듣기

- **Answer the phone for me, please.** 전화 좀 대신 받아줘.
- **Ask who's calling.** 누군지 물어보렴.
- **I will get it. / I will answer it.** 내가 (전화를) 받을게.
- **My phone was cut off.** 전화가 그냥 끊겼어.
- **My phone was off.** 내 전화기는 꺼져 있었어.
- **Hang up the phone.** 전화를 끊으렴.
- **I am talking on the phone.** 난 통화 중이란다.

하루 하나 패턴 영어 48

put + 사람(목적격) + on speaker : 스피커폰으로 바꾸다

이 표현을 사용할 때는 put 다음에 오는 '사람'의 자리에 전화하는 상대방을 넣으면 돼요.

Put you on speaker. 스피커폰으로 해. (전화 상대가 you일 때)
Put her on speaker. 스피커폰으로 해. (다른 사람이 내 전화를 대신 받은 상황에서 전화 상대가 여성일 때)
Put him on speaker. 스피커폰으로 해. (다른 사람이 내 전화를 대신 받은 상황에서 전화 상대가 남성일 때)

04 Put the laundry in the machine, please.

세탁기에 빨래 좀 넣어줘.

집안일은 정말 다양하죠. 빨래도 집안일 중 하나인데요. 아이가 엄마의 일을 돕고 싶어 하네요. 세탁기에 빨래 좀 넣어달라고 아이에게 부탁해봅니다.

Mom, can I help you? 엄마, 도와드릴까요?

I'm going to do the laundry. 엄마는 빨래할 거야.

What do you want me to do? 제가 뭘 할까요?

Put the laundry in the machine, please. 세탁기에 빨래 좀 넣어줄래.

Okay. I'm done. 네. 다 했어요.

Thanks. Can you put the detergent in it? 고마워. 세제도 넣어주겠니?

mp3 듣기 동영상 강의

I will hand-wash this blouse. 이 블라우스는 손으로 빨 거야.

The laundry is done. 빨래가 다 됐어.

Let's hang the clothes on the rack. 건조대에 빨래를 널자.

Put the socks on the drying rack. 건조대에 양말을 널어.

I will shake the shirt and hang it on the rack. 셔츠를 털어서 건조대에 널 거야.

Use the clothespin. 빨래집게를 사용하렴.

Can you help me take the clothes off the rack?

건조대에서 빨래 걷는 걸 도와줄래?

하루 하나 패턴 영어 49

help + 사람(목적격) + (to) 동사 원형 : ~이(가) ~하는 것을 돕다

누군가가 어떤 일을 하는 것을 도와줄 때 쓰는 말이에요. 동사의 자리에는 동사 원형이 오기도 하고 to 부정사가 오기도 합니다.

I will **help** you (to) read. 나는 네가 읽는 것을 도와줄게.
I will **help** you (to) clean up. 나는 네가 청소하는 것을 도와줄게.
I will **help** you (to) get up. 나는 네가 일어나는 것을 도와줄게.

05 I should do the dishes.
설거지를 해야겠네.

설거지거리가 유난히 많은 날이 있어요. 이럴 때 아이가 "Do you need help?"라고 물으면, 너무 고맙기만 하죠. 엄마에게는 이 말 한마디가 힘이 됩니다.

I should do the dishes. 설거지를 해야겠네.

Do you need help? 도와드려요?

Clear the table, please. 테이블 좀 치워주렴.

Okay. 네.

Thanks. Give me the dishes. 고마워. 그릇들을 줄래.

Do you want me to put the dishes in the sink. 그릇들을 싱크대에 넣을까요?

mp3 듣기

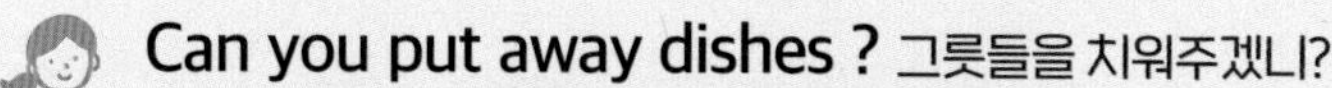

Can you put away dishes ? 그릇들을 치워주겠니?

Put on the rubber gloves. 고무장갑을 끼렴.

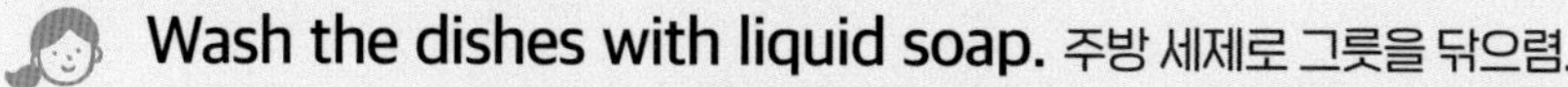

Wash the dishes with liquid soap. 주방 세제로 그릇을 닦으렴.

Use hot water to wash off the grease. 기름기를 뜨거운 물로 닦아.

Place the dishes on the rack. 그릇들을 건조대 선반에 놓으렴.

Put the dishes in the dishwasher. 식기세척기에 그릇들을 넣어라.

Put detergent here. 여기에 세제를 넣으렴.

하루 하나 패턴 영어 50

want + 사람(목적격) + to 동사 원형: ~이(가) ~하길 원하다

누군가 무언가를 하길 원할 때 쓰는 표현입니다. 이때 사람 다음에는 to 동사 원형이 온다는 것을 기억하세요. 아이들과의 대화에 자주 등장하는 패턴입니다.

I want you to come home. 나는 네가 집에 오길 원해.
I want you to go. 나는 네가 가길 원해.
I want them to do homework. 나는 그들이 숙제하기를 원해.

CHAPTER 3

엄마와 외출하기

01 Let's go grocery shopping.

장 보러 가자.

장 보러 갔을 때 쓸 수 있는 표현들은 무엇이 있을까요? 호기심 많은 아이들은 장을 보러 가자면 들뜨곤 하죠. 'go grocery shopping'이 '장을 보러 가다'라는 말입니다.

Mom, where are we going? 엄마, 우리 어디 가요?

Let's go grocery shopping. 장 보러 가자.

Yay! We will buy some snack, right? 와! 간식도 살 거죠?

Okay. Go get a cart. 그래. 가서 카트 하나 가져오렴.

Mom, there is a tasting corner. 엄마, 시식 코너가 있어요.

Let's go and see. 한번 가보자.

mp3 듣기

Let's put them in the cart. 그것들을 카트에 담자.

Can you pull the cart, please? 카트 좀 끌고 오겠니?

The juice is on sale. 주스가 할인 중이구나.

Go to the checkout counter. 계산대로 가렴.

Put them on the counter. 계산대에 올려놓으렴.

Let's use our grocery bag. 우리는 장바구니 사용하자.

Can you put the receipt in the bag? 영수증을 봉투에 넣어주시겠어요?

하루 하나 패턴 영어 51

on sale : 할인 중인

물건을 할인해서 파는 것을 영어로 'on sale'이라고 표현합니다. 한편 'for sale'은 '팔려고 내놓은'이라는 뜻이니 전치사 사용에 주의해야겠죠!

The skirt is on sale. 치마가 할인 중이야.
The coffee is on sale. 커피가 할인 중이야.
The car is for sale. 그 차는 팔려고 내놓은 거야.

02 What books do you want to borrow?

어떤 책을 빌리고 싶니?

도서관에 책 읽으러 가는 날. 읽고 싶은 책을 찾고 빌리고 반납하는 과정에서 쓸 수 있는 표현은 무엇이 있을까요? 아이와 함께 영어로 말해보세요.

- Mom, we are going to the library today, right? 엄마, 오늘 우리 도서관 가죠?
- What books do you want to borrow? 어떤 책을 빌리고 싶니?
- I don't know yet. 아직 잘 모르겠어요.
- Let's look around the library. 도서관을 둘러보자.
- Can I borrow seven books? 책 일곱 권을 빌릴 수 있어요?
- You can only borrow five books. 넌 다섯 권만 빌릴 수 있어.

mp3 듣기 동영상 강의

필수표현 Plus

We will make a library card first. 도서관 카드를 먼저 만들 거야.

Go and find the books you want to read. 가서 네가 읽고 싶은 책들을 찾아보렴.

What books did you choose? 어떤 책들을 골랐니?

Go to the librarian and ask. 사서에게 가서 물어보렴.

Let's check out the books. 그 책들을 빌리자.

The books are due on Tuesday. 책 반납 일은 화요일이란다.

You should return the books today. 오늘 그 책들을 반납해야 해.

check out ~ : (도서관에서) ~을(를) 빌리다

이 표현은 여러 가지 뜻을 지니고 있습니다. 도서관에서 '~을(를) 빌리다'라는 뜻 외에도 '호텔에서 체크아웃하다' '확인하다' 등의 뜻도 있어요.

I checked out the DVD. 나는 그 DVD를 (도서관에서) 빌렸어.
I checked out the book. 나는 그 책을 (도서관에서) 빌렸어.
I checked out the magazine. 나는 그 잡지를 (도서관에서) 빌렸어.

03 Let's take a bus.

버스를 타자.

아이가 버스를 타고 내릴 때는 안전이 가장 중요하죠? 엄마가 아이에게 안전하게 버스를 타고 내리는 법을 알려줍니다.

How can we get to the store? 그 가게에 어떻게 가요?

Let's take a bus. 버스를 타자.

Where is the bus stop? 버스 정류장은 어디죠?

The bus stop is right over there. 버스 정류장은 바로 저기 있어.

How long do we have to wait for the bus? 얼마나 오래 버스를 기다려야 해요?

Let me check. 확인해볼게.

mp3 듣기

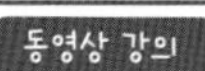

What bus can we take to get to the store?
그 가게에 가려면 어떤 버스를 타야 해요?

The bus comes in five minutes. 버스가 5분 뒤에 온다.

Let's get on the bus. 버스를 타자.

We got on the wrong bus. 버스를 잘못 탔어.

Watch your step! 발 조심해!

The store is two stops from here. 그 가게는 여기서 두 정거장 지나면 있어.

Where do we have to get off? 어디서 내려야 해요?

하루 하나 패턴 영어 53

get on + 교통수단 : ~을(를) 타다

교통수단을 탈 때 쓰는 표현입니다. get on은 주로 bus, train, airplain, ship 등과 함께 사용합니다.

I will get on the subway. 나는 전철을 탈 거야.
I will get on the train. 나는 기차를 탈 거야.
I will get on the airplain. 나는 비행기를 탈 거야.

04 Don't jaywalk!

무단 횡단 하면 안 돼!

무단 횡단은 너무 위험해요! 아이가 도로에서 안전을 위해 주의해야 할 사항들이 있는데요. 특히 신호등 보는 법, 길 건너는 법 등을 알아야 합니다.

Mom, we are late. Let's hurry. 엄마, 우리 늦었어요. 서둘러야 해요.

Don't jaywalk! 무단 횡단 하면 안 돼!

But the crosswalk is too far. 그런데 횡단보도가 너무 멀어요.

Sweetie, safety is the first priority. 얘야, 안전이 최우선이란다.

Okay, Mom. 알겠어요, 엄마.

Keep it in your mind! 명심하렴!

mp3 듣기 동영상 강의

필수표현 Plus

Be careful when you cross the street. 길 건널 때 주의해라.

Cross at the crosswalk. 횡단보도로 건너.

Stop in front of crosswalk first. 횡단보도 앞에서 일단 멈추렴.

Look left, right and left again before crossing the street.

길을 건너기 전에는 왼쪽, 오른쪽 그리고 다시 왼쪽을 봐야 해.

Put your phone down when you cross the street.

길을 건널 때는 전화를 끊으렴.

Stop and wait when the light is red. 빨간불일 때는 멈춰서 기다려.

Don't cross at a bend. 길 모퉁이에서 건너지 마.

하루 하나 패턴 영어 54

be careful of + 명사 : ~을(를) 조심하다

be careful은 '조심하다'라는 뜻인데요. '~을(를) 조심하다'라고 말하고 싶으면 뒤에 전치사 of를 써요. 그리고 of 뒤에 조심해야 하는 대상을 명사로 쓰면 됩니다.

Be careful of the cars. 차 조심해라.
Be careful of your behavior. 행동을 조심해라.
Be careful of the slippery floor. 미끄러운 바닥을 조심해라.

05 What do you want to have?

뭐 먹고 싶니?

엄마와 아이가 식당에 갔어요. 아이는 이미 식당에 가는 길부터 신이 났네요. 메뉴를 보며 음식을 고르는 일도, 음식을 먹는 시간도 모두 즐겁습니다.

What do you want to have? 뭐 먹고 싶니?

I will have pizza. How about you? 저는 피자를 먹을 거예요. 엄마는요?

I'm in the mood for a burger. 엄마는 버거가 먹고 싶구나.

Great! 좋아요!

Okay, let's order. 그래, 주문하자.

mp3 듣기

Are you ready to order? 주문할 준비가 되었니?

I haven't decided yet. 아직 결정하지 못했어요.

What's good here? 여기 뭐가 맛있어요?

Do you want to change your order? 주문을 바꾸고 싶니?

You want to try a bite? 한입 먹어볼래?

I dropped my fork. 제 포크를 떨어뜨렸어요.

We can ask them to box this up. 이거 포장해달라고 하면 돼.

하루 하나 패턴 영어 55

be in the mood for ~ : ~을(를) 하고 싶다

무언가를 하고 싶거나 먹고 싶을 때 쓰는 말입니다. for 뒤에는 명사나 동사 ing가 옵니다. 다양한 상황에서 쓸 수 있는 유용한 표현이지요.

I'm in the mood for coffee. 나는 커피를 마시고 싶어.
I'm in the mood for dancing. 나는 춤을 추고 싶어.
I'm in the mood for reading. 나는 책을 읽고 싶어.

CHAPTER 4

엄마와 아이의 감정 이야기

01 You will be good.
넌 잘할 거야.

아이가 성장하는 과정에서 가장 마음이 많이 쓰이는 부분은 아이의 정서입니다. 엄마는 아이의 감정을 잘 살펴주고 아껴줍니다.

Mom, look at me! 엄마, 저 좀 보세요!

Wow! You are a natural dancer. 와! 너는 타고난 춤꾼이구나.

Do you think so? 그런 것 같아요?

Of course. You are so talented. 물론이지. 재능이 있어.

I will dance at a talent show next week. 다음 주 장기 자랑 때 춤을 출 거예요.

You will be good. 넌 잘할 거야.

mp3 듣기

Cheer up! 힘내!

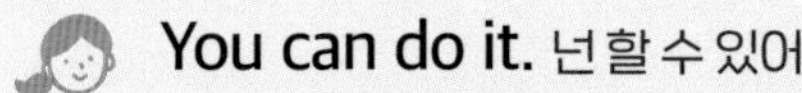

You can do it. 넌 할 수 있어.

I'm proud of you. 네가 자랑스럽구나.

You deserve praise. 칭찬받을 만해.

I have faith in you. 나는 널 믿어.

I know you can handle it. 네가 할 수 있다는 걸 알아.

You can learn from your mistake. 실수를 통해 배우는 거란다.

하루 하나 패턴 영어 56

be a natural ~ : 타고난 ~(이)다

무언가를 타고났다고 이야기하고 싶을 때 쓰는 표현입니다. 아이에게 천부적인 소질이 보일 때 사용하면 좋겠죠?

You are a natural artist. 너는 타고난 예술가로구나.

You are a natural singer. 너는 타고난 가수로구나.

You are a natural writer. 너는 타고난 작가로구나.

02 Calm down, kids!

진정하렴, 얘들아!

아이들이 장난이 심해지거나 너무 시끄러울 때 잔소리를 할 수밖에 없습니다. 다른 사람들을 방해하지 않고 잘 지냈으면 하는 마음에 엄마는 잔소리를 하네요.

Hey, kids! It's too loud. 얘들아! 너무 시끄러워.

It's fun to play together. 같이 노는 게 재미있어요.

Calm down, kids! 진정하렴, 얘들아!

Ten minutes more. 10분만 더요.

Please, stop running in the house. 집 안에서 뛰지 마라.

Okay. 네.

You need to settle down. 진정 좀 해야겠구나.

My ears are hurting. 내 귀가 멍멍해.

Can you talk quitely? 조용히 말해주겠니?

Don't be so loud. 너무 크게 말하지 마라.

I can't hear you. 네가 말하는 게 안 들려.

Walk quitely, please. 조용히 걸어라.

Neighbors will complain about the noise. 이웃들이 시끄럽다고 불평할 거야.

하루 하나 패턴 영어 57

complain about ~ : ~에 대해 불평하다

complain만 쓰면 '불평하다'라는 뜻이에요. 무언가에 대해 불평하고 있는지 표현하고 싶다면 about을 붙이고 그 뒤에 불평의 대상을 말하면 됩니다.

Don't complain about the food. 음식에 대해 불평하지 마.
Don't complain about the weather. 날씨에 대해 불평하지 마.
Don't complain about the service. 서비스에 대해 불평하지 마.

03 You made my day!

너 때문에 기분이 참 좋구나!

엄마는 아이의 존재로 말미암아 행복합니다. 아이 때문에 여러 상황에 부딪히기도 하지만, 여전히 엄마는 사랑하는 아이를 보면 행복합니다.

You made my day! 너 때문에 기분이 참 좋구나!

What do you mean by that? 그게 무슨 뜻이에요?

That means you made me happy. 네가 엄마를 행복하게 만든다는 뜻이야.

I see. Why is that? 그렇구나. 그런데 왜요?

Well, because I love you and you love me.

음, 내가 널 사랑하고 네가 날 사랑하기 때문이야.

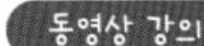

When you are happy, I'm happy. 네가 행복하면, 나도 행복하단다.

I'm glad you praise me. 칭찬을 받으니 기뻐요.

I'm happy when you give me a hug. 엄마가 안아줄 때 행복해요.

I'm on cloud nine. 구름 위를 떠다니는 것처럼 행복해요.

I'm over the moon. 너무 행복하구나.

Mommy feels blessed when I look at you.

너를 보면 엄마는 축복을 받았다는 느낌이 들어.

I'm happy when I watch you eating well. 네가 잘 먹는 모습을 보면 행복해.

하루 하나 패턴 영어 58

What do you mean by ~ : ~은(는) 무슨 뜻이죠?

간단히 'what do you mean?(무슨 뜻이죠?)' 하고 물을 수 있습니다. 전치사 by를 써서 뒤에 궁금한 대상을 넣을 수도 있어요.

What do you mean by "FYI"? "FYI"는 무슨 뜻이야?
What do you mean by "weird"? "weird"는 무슨 뜻이야?
What do you mean by "trend"? "trend"는 무슨 뜻이야?

04 You are upset.

짜증이 났구나.

속상해하는 아이와는 어떻게 대화를 나누면 좋을까요? 왜 마음이 상했는지 잘 들어주기만 해도 아이의 마음이 풀리지 모릅니다.

Are you okay? 괜찮니?

I don't want to do anything. 아무것도 하고 싶지 않아요.

You are upset. 짜증이 났구나.

I think my friend hates me. 친구가 절 싫어하는 것 같아요.

Honey, do you want to talk about it? 얘야, 그 이야기 좀 해볼래?

No, I don't. 아니요, 싫어요.

It seems like you are mad. 화난 것 같구나.

I get annoyed by my friend. 제 친구 때문에 짜증나요.

Let's sit here for a moment and calm down. 잠깐 앉아서 마음을 진정시키자.

It's okay to feel bad. I'm with you.

기분 나쁘다고 느끼는 건 괜찮아. 내가 옆에 있어줄게.

I will be here for you when you need me. 네가 필요할 때 내가 옆에 있어줄게.

Everyone makes mistakes. 모두가 실수한단다.

Let's do it over. 다시 해보자.

하루 하나 패턴 영어 59

It seems like + 주어 + 동사 : ~처럼 보이다

이 문장은 누가 어떻게 보인다고 말할 때 쓰기 좋은 표현입니다. like 뒤에는 주어+동사를 써도 되고 명사를 써도 됩니다.

It seems like you are busy. 너는 바쁜 것처럼 보여.
It seems like you are upset. 너는 속상한 것처럼 보여.
It seems like you are happy. 너는 행복한 것처럼 보여.

05 It's like a whole new you.

완전 다른 사람 같아 보이네.

아이들은 뭔가 새로운 이벤트가 있으면 들뜨죠. 표정도 분위기도 옷차림도 달라집니다. 행복한 아이를 보고만 있어도 엄마는 행복하답니다.

I was invited to my friend's birthday party. 제가 친구 생일에 초대되었어요.

That's why you look so excited. 그래서 네가 기뻐 보이는구나.

I put on this dress. 이 드레스를 입었어요.

I like that dress. 엄마도 그 드레스가 좋아.

How do I look? 저 어때요?

It's like a whole new you. 완전 다른 사람 같아 보이네.

mp3 듣기

I'm so happy that we are going on a picnic. 소풍을 가서 너무 행복해요.

I can't wait for my birthday. 제 생일이 너무 기대돼요.

I'm thrilled we are going to the amusement park.
놀이공원에 가서 너무 기뻐요.

I'm happy for you. 잘된 일이구나.

I'm glad to hear it. 그 소식을 들어서 좋아.

I knew you would be pleased. 네가 기뻐할 줄 알았어.

I'm pleased with this present. 이 선물을 받아서 기뻐요.

I'm so happy that + 주어 + 동사 : 나는 ~해서 행복하다

누가 무엇을 해서 내가 행복하다는 말입니다. happy 대신에 glad, sad, excited 등 다른 감정 표현을 넣을 수 있어요.

I'm so happy that you are here. 나는 네가 여기 있어서 행복해.
I'm so happy that you understand me. 나는 네가 나를 이해해서 행복해.
I'm so happy that you are happy. 나는 네가 행복해서 행복해.

CHAPTER 5

상황별 대화

01 I like Christmas most.
저는 크리스마스가 제일 좋아요.

12월에는 즐거운 크리스마스가 있어요. 아이도 엄마도 설레는 달입니다. 크리스마스카드를 쓰고 선물을 준비하고 크리스마스트리 꾸미기에 바쁘답니다.

Christmas is coming. 크리스마스가 곧 다가와요.

You look so happy. 행복해 보이는구나.

I like Christmas most. 저는 크리스마스가 제일 좋아요.

Why do you like Christmas most? 왜 크리스마스가 제일 좋니?

I don't know. I just like it. 잘 모르겠어요. 그냥 좋아요.

Me, too. 나도 그래.

mp3 듣기

Let's decorate the Christmas tree. 크리스마스트리를 꾸미자.

Put up the Christmas tree first. 크리스마스트리를 먼저 세우렴.

I'm going to write a Christmas card. 저는 크리스마스카드를 쓸 거예요.

I want to see the Santa coming down the chimney.
산타가 굴뚝으로 내려오는 것을 보고 싶어요.

We will exchange presents at Christmas.
크리스마스에 우리는 선물을 교환할 거야.

You can open the Christmas present. 크리스마스 선물을 풀어봐도 돼.

Enjoy Christmas party! 즐거운 크리스마스 파티 되길!

하루 하나 패턴 영어 61

put up : ~을(를) 세우다

여러 가지 뜻을 지닌 표현입니다. 여기서는 '~을(를) 세우다(짓다)'라는 뜻을 알아봅시다. 세우거나 지으려는 대상을 put과 up 사이에 놓아도 되고, put up 뒤에 써도 됩니다.

We will put up the tent. 우리는 텐트를 세울 거야.
We will put up the fence. 우리는 울타리를 세울 거야.
We will put up the building. 우리는 빌딩을 지을 거야.

02 What present do you want on Children's Day?
어린이날에 무슨 선물을 받고 싶니?

5월 5일은 어린이날이죠? 어린이라면 누구나 기다리는 날입니다. 어린이날에는 선물도 받지만 가족들과 함께 즐거운 계획을 세우기도 하죠.

What present do you want on Children's Day? 어린이날에 무슨 선물을 받고 싶니?

Let me think about it. 한번 생각해볼게요.

Okay, take your time. 그래, 천천히 생각해보렴.

Can I ask whatever I want? 제가 원하는 건 뭐든 괜찮아요?

Well, it depends on what you want. 글쎄, 네가 무엇을 원하는지에 달렸지.

I want to have a game player. 게임기를 갖고 싶어요.

mp3 듣기

Children's Day is on May fifth. 어린이날은 5월 5일이란다.

Happy Children's Day! 어린이날을 축하해!

It's the best Children's Day present ever. 최고의 어린이날 선물이에요.

We will celebrate Children's Day. 어린이날을 기념할 거야.

Your grandma will join the party. 할머니께서 파티에 함께하실 거야.

Don't forget to say "Thank you." to Grandpa for the gift.

할아버지께 선물 감사하다고 말씀드리는 것 잊으면 안 돼.

Did you have fun on Children's Day? 어린이날 재미있었니?

하루 하나 패턴 영어 62

It depends on ~ : ~에 달려 있다

의지한다는 의미에서 '~에 달려 있다'라는 뜻을 지닌 표현입니다. 전치사 on 뒤에는 명사가 오는데, 그 자리에는 의지하는 대상을 씁니다.

It depends on you. 너에게 달려 있어.
It depends on him. 그에게 달려 있어.
It depends on the situation. 그 상황에 달려 있어.

03 What's Thanksgiving?

추수감사절이 뭐예요?

한국의 추석과 미국의 추수감사절은 비슷한 점이 있어요. 둘 다 가을 추수철에 한 해 동안 얻게 된 수확물을 감사하고 함께 나누는 명절입니다.

What's Thanksgiving? 추수감사절이 뭐예요?

It is the day we give thanks to God for what we have.

우리가 가진 것에 대해 하나님께 감사하는 날이지.

What kind of food do they eat? 어떤 음식을 먹어요?

They eat roasted turkey, mashed potato and pumpkin pie.

구운 칠면조와 으깬 감자, 그리고 호박 파이를 먹지.

mp3 듣기

동영상 강의

필수표현 Plus

Chuseok is around the corner. 추석이 바로 코앞이네.

Chuseok in Korea is similar to Thanksgiving in America.
한국의 추석은 미국의 추수감사절과 비슷해.

Chuseok is also called Hangawii. 추석은 한가위라고도 불려.

Let's make songpyeon together. 함께 송편을 만들자.

We can see the full moon at night. 밤에 보름달을 볼 수 있어.

We will have a seven-day holiday for Chuseok.
7일간의 추석 휴가가 있을 거야.

Let's plan something special for Chuseok. 추석을 위한 특별한 계획을 세우자.

하루 하나 패턴 영어 63

A be similar to B : A가 B와 비슷하다

어떤 대상인 A가 다른 대상인 B와 비슷하다는 말을 하고 싶을 때 사용하는 표현입니다. to 뒤에는 명사가 온다는 점 주의하세요.

Her voice is similar to my voice. 그녀의 목소리는 내 목소리와 비슷해.
The story is similar to my story. 그 이야기는 내 이야기와 비슷해.
The dress is similar to my dress. 그 드레스는 내 드레스와 비슷해.

04 What is your New Year's wish?

새해 소원이 뭐니?

새해가 되면 항상 새로운 결심을 합니다. 아이와 함께 새해를 계획하고 소원을 적어보세요. 엄마와 아이는 새로운 마음으로 새해 첫날을 맞이합니다.

Mom, when is New Year's Day? 엄마, 새해 첫날이 언제예요?

Let me see. Oh! It's next Monday. 어디 보자. 오! 다음 주 월요일이네.

I will be one year older. 저는 한 살이 더 많아지는 거네요.

Right. What is your New Year's wish? 맞아. 새해 소원이 뭐니?

I want to be taller. 키가 더 크고 싶어요.

That's great. 그거 좋다.

mp3 듣기

Happy New Year! 새해 복 많이 받으세요!

What is your New Year's resolution? 새해 결심이 뭐니?

We will give a big bow to the adults. 어른들께 세배를 드릴 거란다.

I got sebaedon from my uncle. 삼촌에게 세뱃돈을 받았어요.

Will you eat ddukgook? 떡국 먹을 거니?

We have the solar calender and the lunar calendar. 양력과 음력이 있어.

This Sunday is Lunar New Year's Day. 이번 주 일요일은 음력으로 새해야.

하루 하나 패턴 영어 64

형용사+er(비교급) : 더 ~한

어떤 두 대상을 비교할 때 사용하는 표현입니다. 대개 형용사 뒤에 er을 붙여 비교급을 만들면 됩니다. 단, 형용사가 3음절 이상이면 형용사 앞에 more를 붙여요.

I want bigger paper. 나는 더 큰 종이를 원해.
I want a prettier doll. 나는 더 예쁜 인형을 원해.
I want a smaller one. 나는 더 작은 것을 원해.

05 Can I sleep over at my friend's house?

친구 집에서 자고 와도 돼요?

파자마 파티는 아이들이 친구 집에서 자고 오는 파티입니다. 이날은 아이들에게 특별하기도 하죠. 늦게까지 친구들과 수다도 떨고 놀기도 할 수 있는 날이니까요.

Can I sleep over at my friend's house? 친구 집에서 자고 와도 돼요?

Whose house? 누구네 집에서?

It's Jason's house. Jason의 집이요.

You have a pajama party. 너희 파자마 파티 하는구나.

You have his mom's number, right? 걔네 엄마 전화번호 있죠?

Yes. I will give you a ride. 응. 엄마가 태워다줄게.

Sam invited me to a sleepover. Sam이 밤샘 파티에 초대했어요.

Can I go to the pajama party? 파자마 파티에 가도 돼요?

Don't stay up all night. 밤새우지는 마라.

Did you get her parents' permission? 걔네 부모님께 허락받았니?

Pack the things you will need. 필요한 거 챙기렴.

Behave well at her house. 가서 예의 바르게 행동하렴.

Have a fun sleepover! 재미있는 밤샘 파티 되길!

하루 하나 패턴 영어 65

give + 사람(목적격) + a ride to + 장소: ~을(를) ~에 태워다주다

'give a ride'는 자동차로 태워다주는 것을 의미합니다. 누군가를 ~까지 태워다준다고 말하고 싶다면, 뒤에 'to + 장소'를 붙이면 됩니다.

I will give you a ride to school. 내가 너를 학교까지 태워다줄 거야.
I will give you a ride to the store. 내가 너를 그 가게까지 태워다줄 거야.
I will give you a ride home. 내가 너를 집까지 태워다줄 거야.

06 Let's go to a movie.
영화 보러 가요.

아이들을 위한 새로운 영화들이 상영 중입니다. 아이와 영화를 보기 위해 엄마는 미리 영화표를 예매하는데요. 아이와 어떤 영화를 볼지 함께 고르고 있어요.

New movies are coming out. 새로운 영화들이 개봉했어.

Let's go to a movie. 우리 영화 보러 가요.

It sounds good! 좋아!

I want to watch *Avengers.* <어벤져스> 보고 싶어요.

I heard this is the last season of it. 이번이 마지막 시즌이라고 들었어.

Seriously? 진짜요?

What movies are on? 어떤 영화가 상영 중인가요?

Did you watch the movie trailer? 그 영화 예고편 봤니?

Do you want to watch a matinee? 조조 영화 볼래?

I will buy tickets beforehand. 미리 영화표를 살게.

We can buy tickets online. 온라인으로 영화표를 살 수 있어.

It's already sold out. 벌써 매진되었구나.

Where are our seats? 우리 자리는 어디예요?

beforehand : 사전에, 미리
무언가를 준비하거나 계획할 때 미리미리 해야 하는 일이 있어요. 바로 이럴 때 쓰는 표현입니다. 부사인 beforehand는 문장 맨 뒤에 붙여서 자주 사용합니다.

Do it beforehand. 미리 해라.
Tell me beforehand. 미리 나에게 말해라.
Make a reservation beforehand. 미리 예약해라.

07 Let's jump rope.

우리 줄넘기하자.

운동은 아이의 성장에 중요한 역할을 합니다. 줄넘기는 건강에도 좋을 뿐 아니라 두뇌 발달에도 긍정적인 영향을 미친다고 하네요.

Let's jump rope. 우리 줄넘기하자.

Where can I do jump rope? 어디서 줄넘기를 해요?

Let's go out. 밖으로 나가자.

I shouldn't jump rope inside the house, right? 집 안에서 줄넘기하면 안 되죠?

No. We can go to the park. 안 돼. 공원에 가면 돼.

mp3 듣기

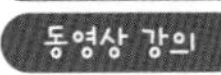

How long can you jump rope without stopping?
멈추지 않고 얼마나 오랫동안 줄넘기를 할 수 있어?

How many jump ropes can you do? 줄넘기 몇 개 할 수 있니?

Let's adjust the length of the line. 줄 길이를 조절하자.

Can you jump rope backward? 줄넘기를 뒤로 할 수 있니?

Can you do double unders? 줄넘기 2단 뛰기 할 수 있니?

I got caught on the rope. 줄에 걸렸어요.

I can jump rope on one leg. 줄넘기로 한 발 뛰기를 할 수 있어요.

하루 하나 패턴 영어 67

get caught on ~ : ~에 걸리다
일상생활 속에서 옷이나 몸이 무엇에 걸린 상황을 표현할 때 사용합니다. 무엇에 걸렸는지는 전치사 on 뒤에 붙여주면 돼요.

I got caught on the desk. 나는 책상에 걸렸어.
I got caught on the door. 나는 문에 걸렸어.
I got caught on the closet. 나는 옷장에 걸렸어.

08 You are allergic to peanuts.

땅콩 알레르기가 있구나.

어떤 음식은 알레르기 반응을 잘 일으키기도 하죠? 간혹 우리 아이가 특정 음식에 알레르기 반응을 보이기도 하는데요. 어떤 음식이 그런지 잘 기억해둡시다.

Mom, I have a stuffy nose. 엄마, 코가 막혔어요.

What did you eat? 뭘 먹었니?

I ate peanuts at school. 학교에서 땅콩을 먹었어요.

You are allergic to peanuts. 땅콩 알레르기가 있구나.

Do I have to see a doctor? 병원에 가야 돼요?

Yes. Let's go and check if it is okay. 그래. 가서 괜찮은지 알아보자.

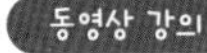

I have itch eyes. 눈이 가려워요.

You keep sneezing. 계속 재채기하는구나.

You have skin rashes. 피부 발진이 있구나.

Let's find out what food you are allergic to.
네가 어떤 음식에 알레르기가 있는지 알아보자.

If you are allergic to peanuts, don't eat them.
땅콩 알레르기가 있으면 땅콩 먹지 마.

This pill can relieve itchy skin. 이 알약은 피부 가려움증을 가라앉게 해.

Let's ask doctor before taking the medicine.
약을 먹기 전에 의사 선생님께 물어보자.

하루 하나 패턴 영어 68

find out : 알아내다
어떤 사실을 알아냈을 때 쓰는 표현입니다. 비슷한 표현이 많지만, find out은 확실히 그것이 무엇인지 알아냈다는 뉘앙스가 있어요.

I found out the answer. 나는 정답을 알아냈어.
I found out the truth. 나는 진실을 알아냈어.
I found out what happened. 나는 무슨 일이 있었는지 알아냈어.

09 Can you Google it?
구글에서 검색해볼래?

인터넷으로 정보를 검색하는 일이 이제는 흔한 일상이 되었습니다. "Can you Google it?"이 하나의 관용적인 표현이 되었을 정도니까요.

- What does this word mean? 이 단어는 무슨 뜻이에요?
- Can you Google it? 구글에서 검색해볼래?
- Okay. I'll search it on the Internet. 네. 인터넷에서 찾아볼게요.
- Okay. 그래.
- I can't find it. 찾을 수가 없어요.
- Type the word in the search box and click. 검색창에 단어를 입력하고 클릭해봐.

mp3 듣기

I'm searching for the singer. 그 가수를 찾아보고 있어요.

Use the Internet with my smartphone. 내 스마트폰으로 인터넷을 이용하렴.

Let's look up a popular restaurant. 인기 있는 맛집을 찾아보자.

We have bad Wi-Fi here. 여기는 와이파이 상태가 안 좋아요.

We lost internet connection. 인터넷이 끊겼어요.

I will turn off the notification for messages. 메시지에 알림을 꺼야겠다.

Look up the direction on Naver. 네이버에서 가는 길을 찾아보렴.

하루 하나 패턴 영어 69

look up ~ : (인터넷이나 사전에서) ~을(를) 찾아보다

look up의 뜻도 다양합니다. 여기서는 정보를 찾아볼 때 쓰는 look up이 어떻게 활용되는지 살펴봅시다. 주로 인터넷이나 사전, 참고 자료를 찾을 때 이 표현을 사용하죠.

Look up the new word in the dictionary. 사전에서 그 새로운 단어를 찾아봐.
Look up the opening time on the Internet. 인터넷에서 개장 시간을 찾아봐.
Look up a map on the Internet. 인터넷에서 지도를 찾아봐.

10 Let's go on a trip to Jeju Island.

제주도로 여행 가자.

방학이나 주말에는 가족끼리 여행을 떠나기도 합니다. 함께 여행 계획을 세우고 여행을 준비하는 과정 모두 아이에게는 신나는 일이에요.

Let's go on a trip to Jeju Island. 제주도로 여행 가자.

When are we leaving? 언제 떠나요?

We can talk about it with Dad. 아빠랑 이야기해보자.

Okay. I can't wait. 좋아요. 너무 기다려져요.

We can rent a car and go around Jeju Island. 차를 빌려서 제주도를 돌아다닐 거야.

Awesome! 멋져요!

mp3 듣기

I will book flights to Jeju Island. 제주도로 가는 비행기를 예약할게.

We are planning to leave on July 2nd. 6월 2일에 출발하려고 계획 중이야.

Let's pack suitcases. 여행 가방을 싸자.

We will check in this bag. 이 가방은 부칠 거야.

It takes only about one hour from Gimpo International Airport to Jeju International Airport.

김포국제공항에서 제주국제공항까지 한 시간 정도밖에 안 걸려.

Let's make it to the top of this mountain. 이 산꼭대기까지 올라가자.

Check the places you want to go. 네가 가고 싶은 곳을 확인해보렴.

make it : 해내다

무언가를 '해내다'는 의미로 쓰기도 하고요. '성공하다' '시간에 맞추어 (약속대로) 가다'라는 뜻도 있어요. 여기서는 '해내다'라는 뜻으로 어떻게 쓰이는지 예문을 살펴봅시다.

I made it. 나는 해냈어.
I can make it. 나는 해낼 수 있어.
We made it to the top of the mountain. 우리는 산 정상까지 올라갔어.

11 Let's get on the elevator.
엘리베이터를 타자.

일상생활에서 엘리베이터를 탈 일이 자주 생기죠. 따라서 아이에게 안전하게 엘리베이터를 이용하는 방법을 알려주는 것이 중요합니다.

Can you call the elevator, please? 엘리베이터를 좀 불러줄래?

Sure. 네.

Is the elevator here? 엘리베이터가 왔니?

It is coming up. 올라오고 있어요.

Let's get on the elevator. Press the first floor button, please.
엘리베이터를 타자. 1층 버튼을 눌러줄래.

mp3 듣기

I will hold the elevator. 엘리베이터를 잡고 있을게.

Let's wait until the door open. 문이 열릴 때까지 기다리자.

We should get off here. 여기서 내려야 해.

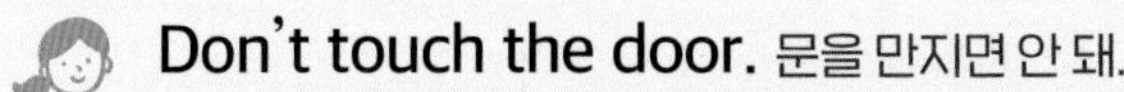
Don't touch the door. 문을 만지면 안 돼.

Your hands might get stuck in the door. 문에 손이 낄 수 있어.

Be careful when you get off. 내릴 때 조심해.

You shouldn't lean on the door. 문에 기대지 마라.

lean on ~ : ~에 기대다

어떤 사물에 기댈 때 이 표현을 써요. 그리고 누군가에게 마음으로 기대는 것, 즉 '의지하다'라는 뜻으로도 사용할 수 있는 표현입니다.

Lean on the sofa. 소파에 기대.
Lean on the cushion and rest. 쿠션에 기대서 쉬렴.
Lean on me. 나에게 의지해.

12 I'm looking for my bag.

제 가방을 찾고 있어요.

아이의 물건이 없어졌어요. 방 어딘가에 두었을 텐데 기억이 나질 않네요. 특히 책가방이나 학교 준비물이 없어졌을 때는 마음이 더 다급합니다.

Mom, wait for me. 엄마, 기다려주세요.

What are you doing? 뭐 하고 있니?

I'm looking for my bag. 제 가방을 찾고 있어요.

You will be late. Hurry up! 늦겠다. 서둘러라!

I don't remember where I put it. 가방을 어디에 두었는지 기억이 안 나요.

It's over there. 저기 있구나.

mp3 듣기

What are you looking for? 뭘 찾고 있어?

Where did you put your pencil case? 필통을 어디에 두었니?

Have you looked all over? 모두 찾아봤어?

I think I left it in the classroom. 교실에 두고 온 것 같아요.

Did you find your book? 네 책을 찾았니?

When was the last time you saw it? 마지막으로 본 게 언제니?

I found it. 찾았어요.

하루 하나 패턴 영어 72

look for ~ : ~을(를) 찾다

어떤 물건이나 사람을 찾을 때 쓰는 말인데요. 찾고 있는 과정을 표현하는 것이라 생각하면 됩니다. 반면 find는 결과적으로 찾아냈을 때 사용하는 단어고요.

I'm looking for you. 나는 널 찾고 있어.
I'm looking for the cup. 나는 컵을 찾고 있어.
I'm looking for the camera. 나는 카메라를 찾고 있어.

13 He ghosted me now.

제 문자를 읽고 답이 없어요.

휴대폰을 사용하다 보면 문자를 자주 주고받게 됩니다. 아이들도 엄마나 친구와 연락을 하죠. 휴대폰과 관련된 표현들입니다.

What are you looking at? 뭘 보고 있니?

My phone. 제 전화요.

Is something wrong with your phone? 전화기에 문제가 있어?

No. I texted my friend. 아뇨. 제 친구에게 문자를 보냈어요.

What did he say? 친구가 뭐라고 답했는데?

He ghosted me now. 제 문자를 읽고 답이 없어요.

mp3 듣기

I got a text message. 문자가 왔어요.

Stop chatting on Kakaotalk. 카카오톡 채팅 그만해.

It's spam. 스팸이에요.

I will delete this message. 이 메시지는 지워야겠다.

Reply to me when you read the text. 그 문자 읽으면 답해줘.

These emoticons are so cute. 이 이모티콘들 귀엽다.

I will turn off auto-correction. 자동 고침 기능을 꺼야겠다.

하루 하나 패턴 영어 73

stop + 동사 ing : ~하는 것을 그만두다

stop 다음에 동사 ing가 오면 '~하는 것을 그만두다(멈추다)'를 뜻합니다. stop 뒤에 동명사(동사 ing)가 올 때와 to 부정사(to 동사)가 올 때 뜻이 달라집니다. 이 점 주의하세요!

Stop running. 그만 뛰어.
Stop yelling. 그만 소리 질러.
Stop grumbling. 그만 투덜거려.

14 Keep the mask on.

마스크를 계속 쓰고 있으렴.

미세 먼지는 여러모로 불편을 줍니다. 어른들도 불편하지만 아이들은 더욱 그런데요. 엄마는 아이에게 마스크를 챙겨 쓰도록 이야기해줍니다.

Look! There is a fine dust warning. 이것 봐! 미세 먼지 경고가 떴어.

I have a sore throat. 목이 따가워요.

Really? Keep the mask on. 정말? 마스크를 계속 쓰고 있으렴.

I will. 네, 그럴게요.

Today, when you come home, stay inside. 오늘은 집에 오면 실내에 있으렴.

Okay. 네.

Look at the dust covering the ground. 땅을 덮은 먼지 좀 봐.

You shouldn't rub your eyes. 눈을 비비면 안 돼.

Breathing fine dust is very harmful. 미세 먼지를 마시는 것은 해로워요.

Leave the air purifier on. 공기 청정기를 켜놓으렴.

Ultra fine dust swept over our country. 초미세 먼지가 우리나라를 휩쓸었어.

The dust flew over here. 먼지가 이곳으로 날아왔어요.

The air is thick with dust. 하늘이 먼지로 자욱해요.

하루 하나 패턴 영어 74

sweep over : ~을(를) 휩쓸다

sweep은 '(빗자루로) 쓸다'라는 뜻이에요. 여기에 over를 붙이면 그 뒤에 나오는 대상을 휩쓴다는 의미가 됩니다.

The wave swept over the town. 파도가 그 마을을 휩쓸었다.
The Korea Wave swept over the country. 한류가 그 나라를 휩쓸었다.
The flood swept over the city. 홍수가 그 도시를 휩쓸었다.

15 Be careful not to catch a cold.

감기에 걸리지 않도록 조심해라.

환절기마다 아이가 감기에 걸리지는 않을까 늘 살피게 됩니다. 감기에 걸리지 않도록 평소에 건강을 잘 관리해야겠지요.

I have the chills. 몸이 으슬으슬해요.

Be careful not to catch a cold. 감기에 걸리지 않도록 조심해라.

I will wear thicker jacket. 더 두꺼운 재킷을 입을게요.

Do you have a cough? 기침도 하니?

Not really. 그렇지는 않아요.

It's good. 다행이네.

I have a stuffy nose. 코가 막혔어요.

I think I have the flu. 독감에 걸린 것 같아요.

Do you have a fever? 열이 있니?

Let me check your temperature. 체온을 재보자.

I have a soar throat. 목이 아파요.

The pill is too bitter for me. 약이 너무 써요.

Let's take an early leave from school. 학교를 조퇴하자꾸나.

too + 형용사 + for + 사람(목적격) : ~에게 너무 ~하다

too 다음에 형용사가 오면, '너무 ~한'이라는 뜻이 되는데요. 이때 too는 부정적인 뉘앙스가 담겨 있어요. for 다음에는 사람(목적격)이 옵니다.

The shirt is too small for me. 그 셔츠는 나에게 너무 작아.
The food is too hot for me. 그 음식은 나에게 너무 뜨거워(매워).
The problem is too hard for me. 그 문제는 나에게 너무 어려워.

16 Let's take a picture here.

여기서 사진 찍자.

스마트폰이 대중화되면서 평소에 사진을 찍는 일이 많아졌어요. 자라나는 아이의 모습을 사진에 담아 놓는 것도 엄마에게는 즐거운 일입니다.

Let's take a picture here. 여기서 사진 찍자.

Did you set a self-timer on the camera? 카메라에 자동 셔터를 설정했어요?

Yes, I did. 응, 했어.

Ah! The picture looks bad. 아! 이 사진 별로예요.

You want to try again? 다시 찍을래?

Let's try one more time. 한 번만 더 찍어봐요.

mp3 듣기 동영상 강의

I will take a picture of you and the park. 공원을 배경으로 네 사진을 찍어줄게.

Smile for the camera. 카메라 보고 웃으렴.

Let's ask someone to take a picture of us.

다른 사람에게 우리 사진을 찍어달라고 부탁해요.

Let's delete this picture. 이 사진은 지우자.

Do you want me to edit your picture? 네 사진 편집해줄까?

You are photogenic. 너 사진이 잘 받는구나.

You can use the camera on my smartphone.

내 스마트폰에 있는 카메라를 사용하렴.

하루 하나 패턴 영어 76

set : 설정하다, 맞추다

'(알람을) 설정하다' '(시계를) 맞추다' 등의 뜻으로 쓰이는 단어입니다.

I set my watch. 나는 내 시계를 맞추었다.
I set the alarm for 7 o'clock. 나는 알람을 7시로 맞추었다.
I set the alarm for 2:30. 나는 알람을 2시 30분으로 맞추었다.

17 Is the food okay?

음식 맛 괜찮니?

아이와 식사할 때 음식 맛에 관한 이야기를 나누어봅시다. 맛을 표현하는 말들이 꽤 많은데요. 평소에 사용하면서 익숙해지면 좋겠죠?

Is the food okay? 음식 맛이 괜찮니?

It's salty. 음식이 짜요.

Let me try it. 어디 먹어보자.

How is it? 어때요?

It's salty. Let me make it again. 음식이 짜구나. 다시 만들어줄게.

Thank you, Mom. 고맙습니다, 엄마.

mp3 듣기

동영상 강의

필수표현 Plus

This curry is bland. 카레가 싱거워요.
The salad tastes funny. 샐러드 맛이 이상하구나.
This scrambled egg is great. 스크램블 에그가 맛있어.
I can make a yummy cake. 난 아주 맛있는 케이크를 만들 수 있어.
It's just too sweet for me. 저한테는 너무 달아요.
It's such a mouth-watering brownie. 맛이 끝내주는 브라우니예요.
Don't you think this pasta is too greasy? 이 파스타 너무 기름진 것 같지 않아요?

하루 하나 패턴 영어 77

such a : 너무

such a는 명사와 어울려 사용합니다. 다양한 의미로 해석될 수 있지만, 여기서는 '너무'라는 뜻으로 사용하는 예문을 소개합니다.

It was such a wonderful meal. 너무 근사한 식사였어.
It was such a waste. 너무 낭비였어.
It was such a short time. 너무 짧은 시간이었어.

18 I sprained my ankle.

발목을 삐었어요.

가끔 아이들이 다리를 삘 때가 있죠? 병원이나 한의원을 가야 하는 일이 생기고는 하는데요. 이런 경우에 쓸 수 있는 표현들을 알아볼까요?

What's wrong with you? 무슨 일이니?

I sprained my ankle. 발목을 삐었어요.

Does it hurt? 아프니?

Yes. it hurts so much. 네. 너무 아파요.

Let's go to see a doctor. 병원에 가자.

Help me up, please. 저 좀 부축해주세요.

mp3 듣기

동영상 강의

Let me make an appointment with a doctor. 병원 예약해야겠다.

Go to oriental medicine clinic. 한의원으로 가렴.

Do I have to get acupuncture? 저 침 맞아야 해요?

You should see a physical therapist. 물리 치료를 받아야 해.

Let me get a prescription. 처방전을 받아 올게.

Let's get treatment. 치료를 받자.

You will get well soon. 곧 나을 거야.

하루 하나 패턴 영어 78

get well : 병이 낫다

아프다가 회복되었을 때 쓰는 표현입니다. 빨리 나으라는 말을 하고 싶다면, "Get well soon!"이라고 표현할 수 있어요.

He will get well soon. 그는 빨리 나을 거야.
She will get well in a day. 그녀는 하루가 지나면 좋아질 거야.
They will get well in a week. 그들은 일주일이 지나면 나을 거야.

19 It fits you well.

그 옷은 잘 맞네.

아이와 옷 쇼핑을 합니다. 아이의 옷을 고르다 보면 언제 이렇게 컸는지 놀라기도 하죠. 아이와 옷 쇼핑을 할 때 쓸 수 있는 영어 표현들입니다.

Mom, how do I look? 엄마, 저 어때요?

It seems too tight for you. 옷이 꼭 끼는 것 같구나.

What about this? 이건 어때요?

It fits you well. 그 옷은 잘 맞네.

Can I try another color? 다른 색깔 입어봐도 돼요?

Sure. 물론이지.

mp3 듣기

I'm just looking around. 그냥 구경 중이에요.

It looks good on you. 너한테 잘 어울려.

Do they have this in different color? 이 옷 다른 색깔도 있을까요?

I want to try on these pants in smaller size. 이 바지 더 작은 사이즈 입어보고 싶어요.

There is a fitting room. 피팅룸은 저기 있다.

It's a little loose. 조금 헐렁해요.

That's a great deal! 저렴하게 잘 샀어!

하루 하나 패턴 영어 79

another : 또 다른

여기에 있는 것 말고 다른 것을 가리킬 때 사용하는 단어입니다. 뒤에는 단수 명사를 붙여 쓸 수 있어요.

I want to read another book. 나는 다른 책을 읽고 싶어.
I want to watch another movie. 나는 다른 영화를 보고 싶어.
I want to buy another bag. 나는 다른 가방을 사고 싶어.

20 What is the date today?

오늘이 며칠이니?

오늘이 며칠인지 아이와 날짜 이야기를 할 때가 있죠? 이번 기회에 날짜와 요일에 관한 표현들을 잘 정리해두세요.

I have to go to school early today. 오늘 학교 일찍 가야 해요.

What is the date today? 오늘이 며칠이니?

It is March 2nd. 3월 2일이요.

I thought it was 3rd. 엄마는 3일이라고 생각했어.

Look at this calender. It's 2nd. 달력 보세요. 2일이에요.

I know. I was mistaken. 그래. 내가 착각했구나.

mp3 듣기

동영상 강의

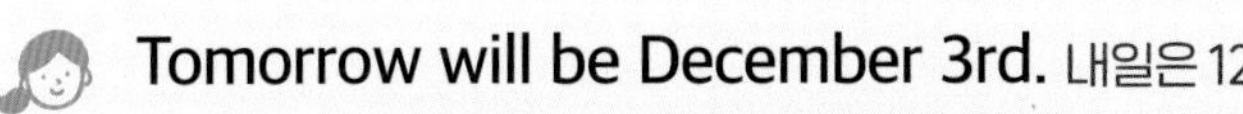

Tomorrow will be December 3rd. 내일은 12월 3일이야.

Today is the twenty fifth of August. 오늘은 8월 25일이야.

It's Tuesday, May 3rd. 3월 3일 화요일이야.

November 12th is Mom's birthday. 11월 12일은 엄마 생일이에요.

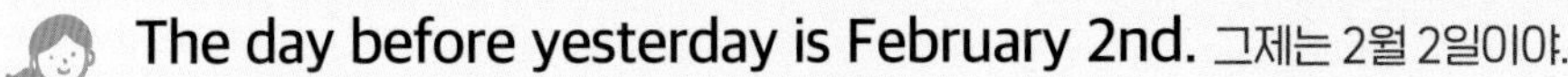

The day before yesterday is February 2nd. 그제는 2월 2일이야.

The day after tomorrow is May 17th. 모레는 5월 17일이야.

I got the dates mixed up. 날짜를 헷갈렸어.

This year is two thousand nineteen. 올해는 2019년이야.

get A mixed up : A를 착각하다

이 표현은 무언가를 혼동해 착각한 상황에서 사용합니다. get과 mixed up 사이에는 혼동했던 대상을 복수형으로 씁니다.

I got the names mixed up. 나는 이름을 착각했어.
I got the numbers mixed up. 나는 숫자를 착각했어.
I got the places mixed up. 나는 장소를 착각했어.

하루 10분 엄마표 생활영어

초판 1쇄 발행 2020년 10월 10일
초판 2쇄 발행 2022년 4월 10일

지 은 이 이정림
펴 낸 이 한승수
펴 낸 곳 문예춘추사

편 집 이소라
마 케 팅 박건원
디 자 인 박소윤

등록번호 제300-1994-16
등록일자 1994년 1월 24일
주 소 서울특별시 마포구 동교로 27길 53, 309호
전 화 02 338 0084
팩 스 02 338 0087
메 일 moonchusa@naver.com

I S B N 978-89-7604-426-6 13740

mp3 듣기

mp3 듣기

mp3 듣기

mp3 듣기

Sweetie, you are babbling! 우리 아기, 옹알이하는구나!
You keep cooing. 옹알이를 계속하네.
Oh, is that so? Yes, you are right. 오, 그렇구나? 그래, 네 말이 맞아.
I think so. 엄마도 그렇게 생각해.
Say, "Mama." "엄마" 해보렴.
What do you want to say? 무슨 말이 하고 싶니?
Look at this. 이거 보렴.
This is your sock. 이건 네 양말이야.
Oh! This is your bib. 오! 이건 네 턱받이야.
What do you see? 뭐가 보이니?
This is your hand. 이건 네 손이야.
This is Mommy's hand. 이건 엄마 손이야.

Welcome, little one. 환영한다, 아가야.
Welcome to our family. 우리 가족은 널 환영해.
Hi, my baby. I'm your mommy. 안녕, 아가야. 내가 네 엄마야.
Hi, sweetie. This is your daddy. 안녕, 우리 아기. 이분이 네 아빠야.
We couldn't wait to meet you. 널 너무 만나고 싶었어.
We have been waiting for you. 널 기다리고 있었단다.
This is your sister. 여긴 네 누나야.
We're so glad to see you. 널 만나서 너무 기뻐.
You are worth the wait. 널 기다린 보람이 있구나.
You are so cuddly. 꼭 껴안아주고 싶구나.
You are so adorable. 너무 사랑스러워.

What is this sound? 이게 무슨 소리지?
Clap clap. It's the sound of hands clapping. 짝짝 짝짝. 손뼉 치는 소리야.
Rattle rattle. It's a rattling sound. 딸랑딸랑. 딸랑이 소리야.
How does it feel? 느낌(촉감)이 어때?
Does it feel soft? 느낌(촉감)이 부드럽니?
It feels fluffy. 느낌(촉감)이 폭신폭신해.
It's your fluffy blanket. 이건 폭신폭신한 담요야.
How does this taste? 이건 무슨 맛일까?
It tastes sweet. 맛이 달콤해.
It tastes bitter. 맛이 쓰구나.
Look at this. What is it? 이것 봐. 이건 뭘까?
Yes, it's your hat. 맞아. 이건 네 모자야.
What does this smell like? 이건 어떤 냄새가 나지?
It smells like apples. 사과 냄새 같구나.

Let's get into the stroller! 유모차 타자!
How is it? 어때?
Lean your body backwards. 몸을 뒤로 기대렴.
Let's fasten the seatbelt. 안전띠를 매자.
The belt is too loose. 안전띠가 너무 헐겁네.
The belt is too tight. 안전띠가 너무 조인다.
I will put on the sunshade for you. 햇빛 가리개를 씌워줄게.
We are ready to go. 우리 갈 준비 다 됐다.
This is your seat. 여긴 네 자리야.
This is Mommy's seat. 여긴 엄마 자리야.
Sweetie, you will sit in the car seat. 아가, 넌 카시트에 앉을 거야.
Let me help you to sit in the car seat. 카시트에 앉혀줄게.
It is safe to sit here. 여기 앉는 게 안전해.

mp3 듣기

mp3 듣기

mp3 듣기

mp3 듣기

Sweetie, what are you doing? 아가, 뭐 하고 있어?
You start scooting. 배밀이를 시작했구나.
Do you want to go forward? 앞으로 가고 싶니?
You are going backward. 뒤로 가고 있네.
You are pushing yourself on your tummy. 배밀이를 하고 있구나.
Sweetie, you want to crawl? 아가, 기어가고 싶니?
You know how to crawl. 어떻게 기어가는지 아는구나.
Wow! You can crawl to the front. 와! 앞으로 기어갈 수 있네.
Come to Mommy. 엄마에게 오렴.
Crawl over to Mommy. 엄마에게 기어서 오렴.
Are you crawling toward your toy car? 장난감 자동차 쪽으로 기어가는 거니?
Come and get it. 이리 와서 가져가.
You are crawling all over the house. 온 집 안을 기어 다니는구나.

Who is this? 이게 누구야?
Who is in the mirror? 거울 속에 있는 사람은 누구지?
This is my baby and this is Mommy. 이 사람은 우리 아기고 이 사람은 엄마야.
Where is your nose? Here it is. 네 코는 어디 있니? 여기 있네.
Put your finger on your ears. 네 손가락으로 네 귀를 짚어봐.
Here they are. 여기 있어.
Can you touch your nose? 코를 만져볼래?
Is this a cheek? No, it's a chin. 이건 뺨이니? 아니, 그건 턱이야.
What are they? 이건 뭘까?
They are eyebrows. 그건 눈썹이야.
Your forehead is so cute. 네 이마는 정말 귀엽구나.
You take after me. 넌 나를 닮았어.
We look alike. 우린 서로 닮았어.

Time to take a bath. 목욕할 시간이야.
Let's take off your clothes. 옷을 벗자.
Let's get rid of your diaper. 기저귀도 벗어야지.
Let's get into the bathtub. 욕조로 들어가자.
Is the water warm? 물이 따뜻하니?
We will wash your hair first. 머리부터 감자.
Mommy is making some bubbles with the shampoo.
엄마가 샴푸로 거품을 만들고 있어.
Let's wash it with water. 물로 씻자.
Now, let's rub your body. 이제, 몸도 문지르자.
Did you get soap in your eyes? 눈에 비누 거품이 들어갔니?
Wait! I will rinse it off. 기다려! 헹궈줄게.
We are done. 다 됐다.
Let me dry you with the towel. 수건으로 닦아줄게.

Do you want to stand up? 일어나고 싶니?
Ok. Let's try standing up. 좋아. 일어서보자.
Be careful! You might fall down. 조심해! 넘어지겠어.
You fell down. Are you okay? 넘어졌구나. 괜찮니?
Baby, try one more time. 아가, 한 번만 더 해봐.
Mommy is holding you. 엄마가 널 잡고 있을게.
Now, you are standing up. 이제 일어서는구나.
Do you want to try walking? 걸음마를 해보고 싶니?
Take your time. 천천히 하렴.
You can hold on to Mommy's hand. 엄마 손을 잡으렴.
One step, another step. 한 발짝, 한 발짝.
Yay! My baby is walking now. 야야! 우리 아기가 이제 걷네.
You are doing great! 잘하고 있어!

우리 아기
첫 뒤집기
우리 아기
첫 앉기
mp3 듣기

mp3 듣기

mp3 듣기

mp3 듣기

Let's change your clothes. 옷 갈아입자.
Mommy will dress you. 엄마가 옷 입혀줄게.
Do you want to wear a T-shirt? 티셔츠 입을래?
Put your head in your T-shirt. 머리를 티셔츠에 넣어.
Put your right arm through the sleeve. 오른팔을 소매에 넣으렴.
Then, put your left arm in the sleeve. Perfect! 그다음 왼팔도 소매에 넣으렴. 좋아!
Mommy will button up for you. 엄마가 단추를 채울게.
Let's wear the blue pants. 파란색 바지를 입자.
Put out your legs. 다리를 뻗어봐.
Let's put right leg in the one leg of the pants first.
오른쪽 다리를 먼저 바지에 넣자.
Then, we will put left leg in the pants. 그런 다음 왼쪽 다리를 바지에 넣는 거야.
Ok, let me zip up the zipper. 자, 지퍼를 올려줄게.
Now, let's put on your socks. 이제 양말을 신자.

Sweetie, lie on your back. 아가, 똑바로 누워 있어.
Do you want to lie on your tummy? 엎드려 있고 싶니?
You want to roll over. 뒤집고 싶구나.
Are you trying to turn over? 뒤집기를 하려고 하는구나?
Go for it! You are almost there. 해봐! 거의 다 됐어.
My baby finally turned over. 우리 아기가 드디어 뒤집었어.
You made it! 해냈어!
Do you want to sit up? 앉고 싶어?
Do you need Mommy's help? 엄마의 도움이 필요하니?
It is pretty hard, isn't it? 너무 어렵다, 그렇지?
Wow! You are sitting up. 와! 앉았구나.
You put great effort into it. 우리 아기 고생 많았어.
Do you want to lie down again? 다시 눕고 싶니?

Sweetie, are you hungry? 아가, 배고프니?
It's time for milk. 우유 먹을 시간이구나.
I am mixing a bottle. 분유를 타줄게.
Wait for a second. I will hurry. 조금만 기다려. 금방 할게.
Mommy will feed you soon. 엄마가 얼른 먹여줄게.
Drink the milk. You are a good eater. 우유를 먹으렴. 우리 아기 잘 먹네.
Let's eat yummy soup. 맛있는 수프 먹자.
Say, "Ah." It is delicious, isn't it? "아" 해봐. 맛있지?
Sweetie, chew it well. 아가, 꼭꼭 씹어 먹으렴.
Let's eat one more bite. 한 입만 더 먹자.
Are you full? Is that enough? 배부르니? 충분히 먹었어?
Do you want some more? 더 먹을래?
Great job for eating. 아주 잘 먹었어.

What's wrong? 무슨 일이니?
Mommy is here for you. 엄마 여기 있어.
Why do you keep crying, baby? 왜 계속 우니, 아가?
Let me check if you have a fever. 열이 있나 보자.
I'll give you a hug. 엄마가 안아줄게.
I will rub your back. 등을 쓰다듬어줄게.
Let me give you a piggyback ride. 엄마가 업어줄게.
Do you want to sleep on Mommy's back? 엄마 등에서 잘래?
Just lean on Mommy. 엄마한테 기대렴.
You are still whining. 여전히 징징대는구나.
What's bothering you? 어디가 불편하니?
Do you want to go out? 밖에 나갈까?
Come to Mommy. I will pick you up. 엄마한테 오렴. 안아줄게.

mp3 듣기

mp3 듣기

mp3 듣기

mp3 듣기

Sweetie, you are starting to whining. 아가, 보채기 시작하는구나.
Are you sleepy? 졸리니?
You seem so sleepy. 졸린가 보구나.
Come to Mommy. I will put you to sleep. 엄마에게 오렴. 재워줄게.
You want your pacifier? 고무젖꼭지 필요하니?
Do you want me to sing you a lullaby? 자장가 불러줄까?
You are so cranky. 짜증을 많이 내는구나.
Mommy will lie down beside you. 엄마가 옆에 누울게.
Baby, close your eyes and sleep tight. 아가, 눈감고 푹 자렴.
Sweet dreams. 좋은 꿈 꾸렴.
Sleep well. 잘 자.
You sleep like an angel. 천사처럼 자는구나.

Oops! Is your diaper wet? 아이고! 기저귀 젖었니?
It's time to change your diaper. 기저귀 갈 시간이야.
Let me see if your diaper is wet. 기저귀가 젖었는지 보자.
Your diaper is still okay. 기저귀는 아직 괜찮구나.
Oh! You pooped. 오! 응가 했구나.
Mommy didn't know you pooped. 엄마는 네가 응가 했는지 몰랐어.
Okay, stay still. I will get a new diaper for you.
그래, 가만히 있어봐. 새 기저귀 가져올게.
Let's take off the dirty diaper. 더러워진 기저귀는 벗자.
Let me clean your bottom with baby wipes. 아기 물티슈로 엉덩이를 닦아줄게.
I will put some baby powder on. 베이비파우더도 바를게.
Now, how do you feel? 자, 기분이 어때?
You feel fresh and dry, don't you? 뽀송뽀송하지 않니?
Let me put on a new diaper. 새 기저귀를 입혀줄게.

How adorable! 너무 사랑스러워!
Grow up big and strong. 건강하게 쑥쑥 자라렴.
You are a little gift for us. 넌 우리에게 작은 선물 같구나.
Our baby is a blessing. 우리 아기는 축복이지.
My baby is a blessing from heaven. 우리 아기는 하늘이 베푼 축복이야.
You are a precious little angel. 너는 소중한 작은 천사란다.
We bless you who you are. 널 있는 모습 그대로 축복한다.
You are so beautiful. 너무 예쁘구나.
You are our treasure. 넌 우리에게 보물과도 같아.
My baby is the best. 우리 아기가 최고야.
Bless you! You may grow in peace and love. 축복한다! 사랑과 평안 속에 자라렴.
You are so enough. 넌 그대로 완벽해.
My baby is valuable. 우리 아기는 너무 소중해.

Do you want to go potty? 화장실 가고 싶어?
Do you want to pee? 쉬하고 싶니?
Do you want to poop? 응가 하고 싶니?
When you want to go potty, call Mommy. 화장실 가고 싶을 때, 엄마를 부르렴.
Time to go pee with Mommy. 엄마랑 쉬하러 가자.
No more diapers. 기저귀는 그만 쓸 거야.
Let's pull down your underpants. Sit on the potty. 팬티를 내리자. 변기에 앉으렴.
You should poop in the potty. 변기에 응가를 해야 돼.
Are you finished? 볼일 끝났니?
I will wipe you. 엄마가 닦아줄게.
Get down, sweetie. 아가, 내려오렴.
Pull up your underpants and pants. 팬티랑 바지를 올리렴.
Yay! You are done with diapers. 와! 이제 기저귀를 뗐구나.

mp3 듣기

mp3 듣기

mp3 듣기

mp3 듣기

I love you the most in the world. 세상에서 너를 가장 사랑해.
Darling, you are my joy. 아가, 넌 나의 기쁨이란다.
Mommy will give you a kiss and a hug. 엄마가 뽀뽀하고 안아줄게.
Mommy loves you just the way you are. 엄마는 너를 있는 모습 그대로 사랑한단다.
I will always be there for you. 항상 네 옆에 있을게.
You are my whole world. 넌 나의 전부야.
How could I live without my baby? 우리 아기 없이 어떻게 살까?
Mommy will always love you. 엄마는 널 항상 사랑할 거야.
I love you more than you will ever know. 네가 아는 것보다 널 훨씬 더 사랑해.
I love you more than words can say. 말로 할 수 없을 만큼 널 사랑해.
Yon know how much Mommy loves you, right?
엄마가 널 얼마나 사랑하는지 알지?
Thank you so much for being my baby. 엄마의 아기로 태어나줘서 정말 고마워.

Good morning. 잘 잤니?
Did you sleep well, my baby? 잘 잤니, 아가?
Did you get a good night sleep? 밤새 푹 잤니?
My baby is stretching now. 우리 아기가 스트레칭을 하네.
You look happy after a good night sleep. 잘 자고 나니 행복해 보인다.
Sweetie, you need more sleep? 아가, 더 잘 거야?
You look grumpy. Are you still sleepy? 기분이 안 좋아 보이네. 아직도 졸리니?
You are snuggling in bed. 침대로 파고 들어가는구나.
Oh! You woke up. 오! 일어났구나.
Come here. Give Mommy a kiss. 이리 와. 엄마에게 뽀뽀해주렴.
Let's look out the window. 창밖을 보자.
The sun is shining. 해가 밝게 빛나네.
Everyone is awake. 모두가 일어났어.

Yay! This is your first birthday party. 와! 너의 첫 번째 생일 파티야.
Happy birthday, my little angel! 생일 축하한다, 나의 예쁜 천사야!
Mommy brought a gift for you. 엄마가 선물을 가져왔어.
Sweetie, this cake is for you. 아가, 너의 케이크란다.
Mommy will get ready for the party. 엄마는 파티를 준비할게.
Mommy should get dressed up for your party. 엄마는 파티를 위한 옷을 입어야 해.
Wow, your aunts and uncles are here. 와, 이모들과 삼촌들이 오셨네.
We will sing “Happy Birthday.” 생일 축하 노래 불러줄게.
Let's blow out the candles. 촛불을 끄자.
Let me make a wish for my baby. 우리 아기를 위한 소원을 빌게.
Let's do “Doljabi.” ‘돌잡이’ 하자꾸나.
Pick one! What do you want to pick? 하나 골라봐! 어떤 것을 고르고 싶니?
My baby grabbed a pencil. 우리 아기가 연필을 잡았구나.
I will cut the cake and give it to the guests. 케이크를 잘라서 손님들에게 나누어줄게.

Do you want to listen to some songs? 노래 들을까?
I will bring a CD for you. CD를 가져올게.
I will play the CD. CD를 틀어줄게.
Do you like this song? 이 노래 좋아하니?
The volume is too loud. Let me turn it down. 볼륨이 크네. 소리 줄여줄게.
Can you hear it well? 잘 들리니?
Do you want to sing together? 함께 노래 부를까?
Oh! You want to listen to other songs. 오! 다른 노래를 듣고 싶구나.
Let me check my smartphone if I have different songs.
다른 노래들이 있는지 스마트폰을 확인해볼게.
Ok. Let's listen to the songs. 자. 이 노래들을 들어보자.
I will turn up the volume. 볼륨을 높여줄게.
Sweetie, it is your favorite song. 아가, 이게 네가 제일 좋아하는 노래구나.
Let's dance to the song. 음악에 맞춰 춤을 추자.

mp3 듣기

mp3 듣기

mp3 듣기

mp3 듣기

Let's have breakfast. 아침 식사하자.

Do you want me to set the table? 식탁을 차릴까요?

Dad is setting the table. 아빠가 식탁을 차리고 계셔.

Okay. Then I will go and sit at the table. 네. 그럼 식탁에 가서 앉을게요.

Can you call your sister? 동생도 불러올래?

Sure. 알겠어요.

It's time to wake up. 일어날 시간이야.

Just five more minutes. 5분만 더 잘게요.

Get up now, or you will be late. 지금 일어나렴, 안 그러면 늦어.

I'm awake. 일어났어요.

Didn't you sleep sound last night? 지난밤에 푹 못 잤니?

I slept well. 잘 잤어요.

Mom, I will wear shoes. 엄마, 신발 신을게요.

You should wear socks first. 양말 먼저 신어야지.

My socks don't match. 제 양말이 짝짝이예요.

Change your socks. 그럼 양말을 바꾸렴.

Can I wear sneakers? 운동화 신어도 돼요?

Yes. Wear the new sneakers. 그럼. 새 운동화를 신으렴.

You should wash your face! 세수해야지!

Can I do it later? 나중에 해도 돼요?

Your face is dirty. 네 얼굴이 지저분하잖아.

Do I have to brush my teeth as well? 양치질도 해야 돼요?

Of course. Brush your teeth with the toothpaste.
물론이지. 치약으로 양치하렴.

We are out of toothpaste. 치약을 다 썼어요.

mp3 듣기

mp3 듣기

mp3 듣기

THE VERY HUNGRY GATERPILLAR
mp3 듣기

Wow, it is sunny today. 우와, 날씨가 화창해요.
Do you want to go for a walk? 산책 가고 싶니?
I'd like to go to the park. 공원에 가고 싶어요.
Can you see the trees? 나무들 보이니?
There are a lot of trees at the park. 공원에 나무들이 많아요.
That's why I like this park. 그래서 엄마는 이 공원이 좋단다.

Do you want to get dressed by yourself? 너 혼자서 옷을 입을 거니?
I want to wear the yellow T-shirt today.
오늘은 노란색 티셔츠를 입고 싶어요.
Try it. 한번 입어보렴.
Do I look good? 저 괜찮아요?
I think it is okay. 괜찮은 것 같은데.
But I want to wear something else. 그런데 다른 옷을 입고 싶어요.

Let me read a book before going to sleep. 자기 전에 책 읽어줄게.
I will pick one. 제가 책 고를게요.
What's the title of the book? 책 제목이 뭐니?
Hungry Caterpillar. <배고픈 애벌레>예요.
Right! *The very hungry caterpillar*. Listen carefully.
맞아! <배고픈 애벌레>. 잘 들어봐.

Mom, my friend can ride a bike. 엄마, 내 친구는 자전거를 탈 줄 알아요.
Do you want to ride a bike? 너도 자전거 타고 싶니?
I don't know how to ride a bike with two wheels.
두발자전거는 탈 줄 몰라요.
We can put the training wheels. 보조 바퀴를 달면 되지.
Ok. I can try then. 좋아요. 그럼 해볼게요.
Good. Let's go. 좋았어. 가자.

Jisu
Me
Tomy
mp3 듣기

mp3 듣기

mp3 듣기

mp3 듣기

I want to have a dog. 강아지 키우고 싶어요.
Sweetie, I don't think we can have one. 얘야, 그러긴 힘들 것 같구나.
I will take care of the dog. 제가 강아지를 돌볼게요.
Let me think about it. 생각 좀 해보자.
You like a dog, too. 엄마도 강아지 좋아하잖아요.
You are right, but I'm busy enough. 맞아, 그런데 엄마가 너무 바빠서.

Mom, I'm bored. 엄마, 저 심심해요.
Do you want to draw? 그림 그려볼래?
What can I draw? 뭘 그릴까요?
Draw whatever you want. 무엇이든 네가 그리고 싶은 걸 그리렴.
Look at this! I drew my friend. 이것 보세요! 제 친구를 그렸어요.
Awesome! 멋진데!

Give me the remote control. 리모컨 내놔.
What do you think you are? 네가 뭔데?
What's going on? 무슨 일이니?
He took the remote. 리모컨을 가져갔어요.
Give me the remote. We should talk. 리모컨 이리 줘. 우리 이야기 좀 하자.

Don't sit too close to the TV. TV에 너무 가까이 앉지 마.
Mom, the TV show is already finished.
엄마, TV 프로그램이 이미 끝났어요.
Then, what do you want to watch? 그럼, 뭘 보고 싶니?
Can I watch a DVD? DVD 봐도 돼요?
Do you want to watch *The Magic School Bus?*
<매직 스쿨버스> 볼래?
No. I will watch *Berenstain Bears.* 아니요. <베렌스타인 베어스> 볼래요.

mp3 듣기

mp3 듣기

thank you!
mp3 듣기

?~
mp3 듣기

Let's get in the car. 차 타자.

I want to sit in the front seat. 앞자리에 앉고 싶어요.

No. Go to the back seat. 안 돼. 뒷자리로 가렴.

Okay, Mom. Don't worry. 알겠어요, 엄마. 걱정하지 마세요.

Good boy. Sit still in the car, please. 착하네. 차 안에서는 얌전히 있으렴.

Be careful! 조심해!

I can give you this knife. 제가 이 칼 건네주려고요.

No. You shouldn't touch the knife. 아니야. 그 칼 만지지 마.

I want to help you. 도와드리고 싶어요.

I know, but be careful. 그래, 그런데 조심하렴.

Okay, I promise. 네, 약속할게요.

Mom! Let's play hide and seek. 엄마! 숨바꼭질해요.

Ok, I will be it. 좋아, 내가 술래 할게.

Then I will hide. 그럼 제가 숨을게요.

I will count to ten and look for you. 열까지 세고 널 찾을 거야.

Mom, you shouldn't peek. 엄마, 몰래 보면 안 돼요.

Ready or not, here I come. 준비가 됐든 안 됐든, 찾으러 간다.

Mom, I got a gift from my friend. 엄마, 제 친구한테 선물 받았어요.

It looks great. Did you say "Thank you?" 멋지구나. 고맙다고 이야기했니?

Oh! I forgot it. 오! 까먹었어요.

Go and say, "Thank you." 가서 고맙다고 인사하렴.

Okay. I will. 네. 그렇게 할게요.

Good boy! 착하네!

mp3 듣기

종이접기
mp3 듣기

mp3 듣기

mp3 듣기

Let's do origami. 우리 종이접기 하자.

Do you know how to fold a star? 별 접을 줄 알아요?

Let me see how to fold it. 어떻게 접는지 한번 보자.

I will get colored paper. 색종이 가지고 올게요.

I will read the direction. 설명서 좀 읽어볼게.

Let's go to the playground. 놀이터에 가자.

Okay! I want to slide down the slide. 좋아요! 미끄럼틀 타고 싶어요.

Are you ready to slide down? 내려올 준비 됐어?

Yes. Stay there. I'm coming down. 네. 거기 계세요. 내려갈게요.

Good job! 잘하네!

Mom, I want to swing now. 엄마, 이제 그네 타고 싶어요.

I want to do something interesting. 재밌는 거 하고 싶어요.

Do you want to play with clay? 찰흙 가지고 놀까?

Let's do it. 네, 같이 해요.

What do you want to make? 뭘 만들고 싶니?

I will make a cup. 컵을 만들 거예요.

Okay. Mix the clay well first. 그래. 먼저 찰흙을 잘 섞으렴.

Mom, I'm so bored. 엄마, 저 너무 심심해요.

You and I can play with blocks together.
우리 블록을 가지고 함께 놀면 되지.

Really? I will get the blocks out. 정말요? 블록을 꺼내 올게요.

Let's stack the blocks. 블록을 쌓자.

I will put the red block on the blue one.
빨강 블록을 파랑 블록 위에 올릴게요.

Wow! We stacked them high. 와! 우리가 블록을 높이 쌓았구나.

mp3 듣기

Rachel
mp3 듣기

mp3 듣기

mp3 듣기

Who is your best friend? 가장 친한 친구는 누구야?
Rachel is my best friend. Rachel이 가장 친한 친구예요.
Really? Tell me about her. 정말? 어떤 애인지 이야기해주렴.
She is silly and kind. 재미있고 다정한 아이예요.
You two are getting along. 너희 둘이 잘 지내는구나.
I really like her. 전 그 애가 정말 좋아요.

I'm home. 다녀왔습니다.
You are home early. 일찍 왔구나.
We finished earlier. 일찍 끝났어요.
How was your art class? 미술 시간은 어땠니?
This is my picture! 이게 제 그림이에요!
Wow, you drew it? Great! 와! 네가 그렸니? 멋지다!

Do you have any homework today? 오늘 숙제 있니?
Yes. 네.
Did you do your homework? 학교 숙제 했니?
No. I will do it later. 아니요. 나중에 할게요.
Let's do it now. 지금 하자.
Okay. 알겠어요.

Loot at him. He is a famous movie star.
저 사람 좀 보세요. 유명한 영화배우예요.
Right. Do you want to be a movie star?
그러네. 너도 영화배우가 되고 싶니?
No. 아니요.
What do you want to be when you grow up?
넌 커서 뭐가 되고 싶어?
I want to be a vet. 저는 수의사가 되고 싶어요.
That is a good idea. 좋은 생각이구나.

mp3 듣기

mp3 듣기

mp3 듣기

mp3 듣기

Please, clean up your room. 네 방을 좀 치우렴.

Okay. I will put my toys away. 네. 장난감을 치울게요.

Sweetie, air out the room! 얘야, 방 환기 좀 시키렴!

Mom, I can't open the window. 엄마, 창문을 못 열겠어요.

Wait! Let me help you. 잠깐만! 엄마가 도와줄게.

You look upset. 화가 나 보이는구나.

I don't want to go to school. 학교에 가고 싶지 않아요.

Did you get in trouble with your teacher? 선생님께 혼났니?

Yes. I just ran in the hallway. 네. 제가 복도에서 뛰었거든요.

Sweetie, don't do that ever again. Walk in the hallway, okay? 얘야, 다시는 그러지 마렴. 복도에서는 걸어 다녀, 알았지?

Mom, your cell phone is ringing. 엄마, 휴대폰이 울려요.

Can you get me the phone? 전화기를 좀 가져다줄래?

Sure. 네.

Thank you, sweetie. 고맙다, 얘야.

You can't hold the phone. 엄마가 전화기를 잡을 수 없네요.

Can you put her on speaker? 스피커폰으로 바꿔주겠니?

Let's make toast. 토스트를 만들자.

Isn't it hard? 어렵지 않아요?

It's simple. Get a slice of bread. 간단해. 빵 한 조각을 가져오렴.

Then, what do we have to do? 그런 다음, 뭘 해야 돼요?

Just place it in the toaster. 그걸 토스터에 넣어.

Look! The toast is ready. 보세요! 토스트가 다 되었어요.

mp3 듣기

mp3 듣기

M-MART
1+1
M-MART
mp3 듣기

mp3 듣기

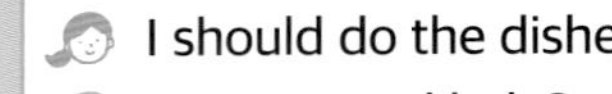

I should do the dishes. 설거지를 해야겠네.

Do you need help? 도와드려요?

Clear the table, please. 테이블 좀 치워주렴.

Okay. 네.

Thanks. Give me the dishes. 고마워. 그릇들을 줄래.

Do you want me to put the dishes in the sink.
그릇들을 싱크대에 넣을까요?

Mom, can I help you? 엄마, 도와드릴까요?

I'm going to do the laundry. 엄마는 빨래할 거야.

What do you want me to do? 제가 뭘 할까요?

Put the laundry in the machine, please. 세탁기에 빨래 좀 넣어줄래.

Okay. I'm done. 네. 다 했어요.

Thanks. Can you put the detergent in it? 고마워. 세제도 넣어주겠니?

Mom, we are going to the library today, right?
엄마, 오늘 우리 도서관 가죠?

What books do you want to borrow? 어떤 책을 빌리고 싶니?

I don't know yet. 아직 잘 모르겠어요.

Let's look around the library. 도서관을 둘러보자.

Can I borrow seven books? 책 일곱 권을 빌릴 수 있어요?

You can only borrow five books. 넌 다섯 권만 빌릴 수 있어.

Mom, where are we going? 엄마, 우리 어디 가요?

Let's go grocery shopping. 장 보러 가자.

Yay! We will buy some snack, right? 와! 간식도 살 거죠?

Okay. Go get a cart. 그래. 가서 카트 하나 가져오렴.

Mom, there is a tasting corner. 엄마, 시식 코너가 있어요.

Let's go and see. 한번 가보자.

mp3 듣기

mp3 듣기

mp3 듣기

mp3 듣기

Mom, we are late. Let's hurry. 엄마, 우리 늦었어요. 서둘러야 해요.

Don't jaywalk! 무단 횡단 하면 안 돼!

But the crosswalk is too far. 그런데 횡단보도가 너무 멀어요.

Sweetie, safety is the first priority. 얘야, 안전이 최우선이란다.

Okay, Mom. 알겠어요, 엄마.

Keep it in your mind! 명심하렴!

How can we get to the store? 그 가게에 어떻게 가요?

Let's take a bus. 버스를 타자.

Where is the bus stop? 버스 정류장은 어디죠?

The bus stop is right over there. 버스 정류장은 바로 저기 있어.

How long do we have to wait for the bus? 얼마나 오래 버스를 기다려야 해요?

Let me check. 확인해볼게.

Mom, look at me! 엄마, 저 좀 보세요!

Wow! You are a natural dancer. 와! 너는 타고난 춤꾼이구나.

Do you think so? 그런 것 같아요?

Of course. You are so talented. 물론이지. 재능이 있어.

I will dance at a talent show next week. 다음 주 장기 자랑 때 춤을 출 거예요.

You will be good. 넌 잘할 거야.

What do you want to have? 뭐 먹고 싶니?

I will have pizza. How about you? 저는 피자를 먹을 거예요. 엄마는요?

I'm in the mood for a burger. 엄마는 버거가 먹고 싶구나.

Great! 좋아요!

Okay, let's order. 그래, 주문하자.

mp3 듣기

mp3 듣기

mp3 듣기

mp3 듣기

You made my day! 너 때문에 기분이 참 좋구나!
What do you mean by that? 그게 무슨 뜻이에요?
That means you made me happy. 네가 엄마를 행복하게 만든다는 뜻이야.
I see. Why is that? 그렇구나. 그런데 왜요?
Well, because I love you and you love me.
음, 내가 널 사랑하고 네가 날 사랑하기 때문이야.

Hey, kids! It's too loud. 얘들아! 너무 시끄러워.
It's fun to play together. 같이 노는 게 재미있어요.
Calm down, kids! 진정하렴, 얘들아!
Ten minutes more. 10분만 더요.
Please, stop running in the house. 집 안에서 뛰지 마라.
Okay. 네.

I was invited to my friend's birthday party.
제가 친구 생일에 초대되었어요.
That's why you look so excited. 그래서 네가 기뻐 보이는구나.
I put on this dress. 이 드레스를 입었어요.
I like that dress. 엄마도 그 드레스가 좋아.
How do I look? 저 어때요?
It's like a whole new you. 완전 다른 사람 같아 보이네.

Are you okay? 괜찮니?
I don't want to do anything. 아무것도 하고 싶지 않아요.
You are upset. 짜증이 났구나.
I think my friend hates me. 친구가 절 싫어하는 것 같아요.
Honey, do you want to talk about it? 얘야, 그 이야기 좀 해볼래?
No, I don't. 아니요, 싫어요.

MERRY CHRISTMAS
mp3 듣기

5.5
mp3 듣기

mp3 듣기

+1!
mp3 듣기

What present do you want on Children's Day?
어린이날에 무슨 선물을 받고 싶니?

Let me think about it. 한번 생각해볼게요.

Okay, take your time. 그래, 천천히 생각해보렴.

Can I ask whatever I want? 제가 원하는 건 뭐든 괜찮아요?

Well, it depends on what you want. 글쎄, 네가 무엇을 원하는지에 달렸지.

I want to have a game player. 게임기를 갖고 싶어요.

Christmas is coming. 크리스마스가 곧 다가와요.

You look so happy. 행복해 보이는구나.

I like Christmas most. 저는 크리스마스가 제일 좋아요.

Why do you like Christmas the most? 왜 크리스마스가 제일 좋니?

I don't know. I just like it. 잘 모르겠어요. 그냥 좋아요.

Me, too. 나도 그래.

Mom, when is New Year's Day? 엄마, 새해 첫날이 언제예요?

Let me see. Oh! It's next Monday. 어디 보자. 오! 다음 주 월요일이네.

I will be one year older. 저는 한 살이 많아지는 거네요.

Right. What is your New Year's wish? 맞아. 새해 소원이 뭐니?

I want to be taller. 키가 더 크고 싶어요.

That's great. 그거 좋다.

What's Thanksgiving? 추수감사절이 뭐예요?

It is the day we give thanks to God for what we have.
우리가 가진 것에 대해 하나님께 감사하는 날이지.

What kind of food do they eat? 어떤 음식을 먹어요?

They eat roasted turkey, mashed potato and pumpkin pie.
구운 칠면조와 으깬 감자, 그리고 호박 파이를 먹지.

NOW SHOWING
NO.3
mp3 듣기

mp3 듣기

mp3 듣기

mp3 듣기

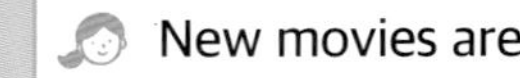
New movies are coming out. 새로운 영화들이 개봉했어.

Let’s go to a movie. 우리 영화 보러 가요.

It sounds good! 좋아!

I want to watch *Avengers.* <어벤져스> 보고 싶어요.

I heard this is the last season of it. 이번이 마지막 시즌이라고 들었어.

Seriously? 진짜요?

Can I sleep over at my friend’s house? 친구 집에서 자고 와도 돼요?

Whose house? 누구네 집에서?

It’s Jason’s house. Jason의 집이요.

You have a pajama party. 너희 파자마 파티 하는구나.

You have his mom’s number, right? 걔네 엄마 전화번호 있죠?

Yes. I will give you a ride. 응. 엄마가 태워다줄게.

Mom, I have a stuffy nose. 엄마, 코가 막혔어요.

What did you eat? 뭘 먹었니?

I ate peanuts at school. 학교에서 땅콩을 먹었어요.

You are allergic to peanuts. 땅콩 알레르기가 있구나.

Do I have to see a doctor? 병원에 가야 돼요?

Yes. Let’s go and check if it is okay. 그래. 가서 괜찮은지 알아보자.

Let's jump rope. 우리 줄넘기하자.

Where can I do jump rope? 어디서 줄넘기를 해요?

Let’s go out. 밖으로 나가자.

I shouldn’t jump rope inside the house, right?
집 안에서 줄넘기하면 안 되죠?

No. We can go to the park. 안 돼. 공원에 가면 돼.

Google it
?
mp3 듣기

mp3 듣기

mp3 듣기

?
mp3 듣기

Let's go on a trip to Jeju Island. 제주도로 여행 가자.

When are we leaving? 언제 떠나요?

We can talk about it with Dad. 아빠랑 이야기해보자.

Okay. I can't wait. 좋아요. 너무 기다려져요.

We can rent a car and go around Jeju Island.
차를 빌려서 제주도를 돌아다닐 거야.

Awesome! 멋져요!

What does this word mean? 이 단어는 무슨 뜻이에요?

Can you Google it? 구글에서 검색해볼래?

Okay. I'll search it on the Internet. 네. 인터넷에서 찾아볼게요.

Okay. 그래.

I can't find it. 찾을 수가 없어요.

Type the word in the search box and click.
검색창에 단어를 입력하고 클릭해봐.

Mom, wait for me. 엄마, 기다려주세요.

What are you doing? 뭐 하고 있니?

I'm looking for my bag. 제 가방을 찾고 있어요.

You will be late. Hurry up! 늦겠다. 서둘러라!

I don't remember where I put it. 가방을 어디에 두었는지 기억이 안 나요.

It's over there. 저기 있구나.

Can you call the elevator, please? 엘리베이터를 좀 불러줄래?

Sure. 네.

Is the elevator here? 엘리베이터가 왔니?

It is coming up. 올라오고 있어요.

Let's get on the elevator. Press the first floor button, please.
엘리베이터를 타자. 1층 버튼을 눌러줄래.

hello
Do you want to play with me?
today? or tomorrow?
......
mp3 듣기

BAD
mp3 듣기

mp3 듣기

mp3 듣기

Look! There is a fine dust warning. 이것 봐! 미세 먼지 경고가 떴어.
I have a sore throat. 목이 따가워요.
Really? Keep the mask on. 정말? 마스크를 계속 쓰고 있으렴.
I will. 네, 그럴게요.
Today, when you come home, stay inside. 오늘은 집에 오면 실내에 있으렴.
Okay. 네.

What are you looking at? 뭘 보고 있니?
My phone. 제 전화요.
Is something wrong with your phone? 전화기에 문제가 있어?
No. I texted my friend. 아뇨. 제 친구에게 문자를 보냈어요.
What did he say? 친구가 뭐라고 답했는데?
He ghosted me now. 제 문자를 읽고 답이 없어요.

Let's take a picture here. 여기서 사진 찍자.
Did you set a self-timer on the camera? 카메라에 자동 셔터를 설정했어요?
Yes, I did. 응, 했어.
Ah! The picture looks bad. 아! 이 사진 별로예요.
You want to try again? 다시 찍을래?
Let's try one more time. 한 번만 더 찍어봐요.

I have the chills. 몸이 으슬으슬해요.
Be careful not to catch a cold. 감기에 걸리지 않도록 조심해라.
I will wear thicker jacket. 더 두꺼운 재킷을 입을게요.
Do you have a cough? 기침도 하니?
Not really. 그렇지는 않아요.
It's good. 다행이네.

mp3 듣기

mp3 듣기

?
mp3 듣기

Sun Mon Tue Wed
Sat
March
2
3
mp3 듣기

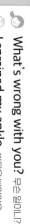

 What's wrong with you? 무슨 일이니?

I sprained my ankle. 발목을 삐었어요.

 Does it hurt? 아프니?

Yes. it hurts so much. 네. 너무 아파요.

Let's go to see a doctor. 병원에 가자.

Help me up, please. 저 좀 부축해주세요.

Is the food okay? 음식 맛이 괜찮니?

It's salty. 음식이 짜요.

Let me try it. 어디 먹어보자.

How is it? 어때요?

It's salty. Let me make it again. 음식이 짜구나. 다시 만들어줄게.

Thank you, Mom. 고맙습니다, 엄마.

I have to go to school early today. 오늘 학교 일찍 가야 해요.

What is the date today? 오늘이 며칠이니?

It is March 2nd. 3월 2일이요.

I thought it was 3rd. 엄마는 3일이라고 생각했어.

Look at this calender. It's 2nd. 달력 보세요. 2일이에요.

I know. I was mistaken. 그래. 내가 착각했구나.

 Mom, how do I look? 엄마, 저 어때요?

 It seems too tight for you. 옷이 꼭 끼는 것 같구나.

What about this? 이건 어때요?

 It fits you well. 그 옷은 잘 맞네.

Can I try another color? 다른 색깔 입어봐도 돼요?

 Sure. 물론이지.